一本就懂世界史

李偉◎著

好讀出版

傳達正確歷史知識

透過歷史的學習豐富生活

歷史是人過去生活所留下的「共同記憶」，學習歷史不但是追求人過去的文化情感，同時也可以做為現在生活的觀察與借鏡。

現在的世界發展，是走向全球化的社會，地球村的發展，人類全體皆應以更宏觀的視野，來看待這個世界的發展，透過世界史的學習，不但可以增廣自身的見聞，對於與世界其他各民族的文化接軌，也能夠有很大的幫助。

這一本《一本就懂世界史》，筆者是以高中補習班歷史老師的角度，以高中歷史的課綱為架構，編寫這一本適合學生以及一般讀者，當成課外補充或閒暇之餘的休閒讀物。

筆者以較為輕鬆幽默的筆法，來取代課本嚴肅呆板的內容，並利用筆者這些年來的教學經驗，串連各單元的歷史事件，並提出個人的史觀見解，與各位讀者分享；同時提供我們日常生活中，經常耳聞的一些專有名詞，如「經濟大恐慌」、「黑色星期五」、「聖女貞德」以及印度人為什麼不吃牛肉？……等故事的補充。

當時在接到這本書的邀稿時，內心感到非常的興奮，因為這是人生第一次，也是一種全新經歷，自己教書這麼多年，還沒嘗試過把自己課堂上的精華內容，以文字的方式呈現給更多沒見過面的朋友。

但是接手寫這本書時，又忽然感覺任重而道遠，因為筆者想透過這本書來呈現正確的歷史背景、知識。

筆者經常在看許多大陸拍攝的歷史劇，故事精彩絕倫，場面波瀾壯闊，但當中許多人物對話，服裝設計，皆違背歷史事實，荒腔走板。例如最近在網路上流傳的一張截取自大陸某部《三國演義》的歷史劇，劇中一段劉關張桃園三結義的畫面，三兄弟跪在關公的神像面前，共同發誓結拜為異姓兄弟，這豈不荒謬絕倫？

因此我希望透過本書書寫的內容，傳達正確的歷史事實，在欣賞精采歷史劇的同時，也能夠對這個故事的內容，時代背景，有一個正確的基礎認識，如此一來才是真正看懂這部戲，也才不會有把歷史劇錯當成是正史的錯誤認知。

過去的人類生活，是今天大家所傳誦的歷史；未來的歷史，則是今日你我的生活經歷。透過歷史的學習經驗，來豐富我們日常生活的每一天，也讓我們更了解祖先們生活在這塊土地上的美好過去；藉此了解生活在這塊土地上其他民族的文化背景，拉近彼此的生活距離，締造更美好祥和的社會。

目次

一本就懂世界史

第一篇　古代文明的誕生

大河文明的起源……8

神奇的印度民族……12

第二篇　歐洲古典文明

古典文明的起源：希臘文明與希臘化文明……16

歐洲的大一統：羅馬帝國……20

第三篇　中古歐洲的基督教世界

基督教的興起與擴張……24

中古歐洲的封建社會……28

東羅馬帝國的興衰與拜占庭文化……32

第四篇　伊斯蘭文化的興起與擴張

真主阿拉與先知……35

伊斯蘭「聖戰」的向外擴張……39

第五篇　歐洲社會與文化的變遷

高舉上帝大旗的一場聖戰：十字軍東征……42

來自亞洲的「黃禍」：蒙古西征……45

歐洲文明的再生：文藝復興時期……48

第六篇　海權時代的霸主——西班牙與葡萄牙

被印第安人發現的哥倫布……51

槍砲、鋼鐵和細菌：歐洲的殖民擴張……54

第七篇　近代歐洲的興起

民族國家的發展：英法百年戰爭……58

馬丁路德開響宗教改革的第一槍……62

改變歐洲海上霸主地位的關鍵戰役——英西海戰……66

都鐸王朝的亨利八世……70

第八篇 革命的時代

科學革命與啟蒙運動：光的世紀 …… 74
美國獨立建國及發展 …… 78
法國大革命與小巨人拿破崙的崛起 …… 82
改變世界的新動力：蒸汽機 …… 88

第九篇 十九世紀西方的政治與文化

不流血的革命：光榮革命 …… 92
法國的革命再起：七月革命、二月革命 …… 96
美國的兄弟鬩牆：南北戰爭 …… 100

第十篇 近代民族國家的形成與發展

德國與義大利的統一運動 …… 104
中南美洲的獨立運動 …… 109
美國培里的黑船讓倭寇長大了 …… 112

第十一篇 西方殖民帝國的擴張與影響

達爾文的「進化論」與新帝國主義的發展 …… 117
黑暗大陸的發現與列強瓜分非洲的殖民活動 …… 120

第十二篇 歐洲霸權的沒落——兩次世界大戰

第一次世界大戰 …… 124
戰間期 …… 138
第二次世界大戰 …… 152

第十三篇 冷戰到多元的世界政局

戰後經濟復甦與美蘇對峙——馬歇爾計畫 …… 185
冷戰局勢下的國際危機 …… 188
冷戰局勢下的國際熱戰和第三世界 …… 192
冷戰結束與世界政局的變化——蘇聯的解體 …… 195
東歐的劇變及歐盟的成立 …… 200

大河文明的起源

世界四大古老文明——兩河流域、尼羅河流域、恆河流域以及中國的黃河流域等，皆誕生在大河平原附近，因為河水可以灌溉土壤，創造農業文明；也是滋養生命所必需的元素。

水是孕育生命的起源

河流是孕育生命與文化的源頭。

世界四大古老文明——兩河流域、尼羅河流域、恆河流域以及中國的黃河流域等，皆誕生在大河平原附近，因為河水可以灌溉土壤，創造農業文明；也是滋養生命所必需的元素。

農業的誕生標誌著人類新的文明開展，從過去採集狩獵的糧食獲取方式，進步到有能力自給自足生產糧食。於是人類也開始定居逐步發展出新的聚落，再慢慢地擴大為城邦，甚至變成一個國家。

西亞古文明

西亞古文明的形成是指「兩河流域」的底格里斯河與幼發拉底河之間的平原，從波斯灣頭延伸到地中海岸，形成一個彎月形，俗稱為「肥沃月彎」，通稱「美索不達米亞」。

此地由於屬平原地形，地勢開闊，無山脈阻擋，因此外患較多，造成兩河流域地區政權更迭頻繁。

另外由於兩河流域不定期氾濫，因此天災較多，使得人們畏懼大自然的力量，造成該地區祭司的地位崇高，甚至凌駕在王權之上，因為祭司是能與神直接溝通的人物，國王只是神明在地面上的代理人，於是這個天災多外患多的地方，就產生出較為悲觀的想法，例如《鳩格米西史詩》就代表當時兩河人民的人生觀。

美索不達米亞地區政權變化

蘇美人 → 阿卡德人 → 烏爾王朝 → 巴比倫人 → 西臺人和卡賽人 → 亞述人 → 加爾底亞人 → 波斯人

●西亞古文明的文化成就

蘇美人	發明由線條組成的楔形文字、陰曆還有十進位法與六十進位法。
巴比倫人	巴比倫國王頒布具有報復精神，但不盡公平的《漢摩拉比法典》，其立法精神是「以牙還牙，以眼還眼。」
加爾底亞人	因為首都也建立在巴比倫城，因此又被稱為新巴比倫帝國，擅長觀察星象及占星術，發明一週七天制。
希伯來人	創立一神教信仰的猶太教，對後來的基督教和伊斯蘭教影響甚鉅。
腓尼基人	號稱「海上的遊牧民族」，他們簡化的字母藉由經商向外傳播，成今日西方拼音字母的源頭。
亞述人	兩河流域的好戰民族，也是第一個統一此地區的民族，他們好戰的特性表現在他們的浮雕藝術上，並擁有當時世界規模最大的尼尼微圖書館。
西臺人	擅長冶鐵的民族，曾經透過他們先進的武器，橫掃兩河流域。
波斯人	創立善惡二元論的宗教——「祆教」，世界有光明之神——阿胡拉馬茲達，黑暗之神——阿立曼，人們要信光明之神，遠離黑暗力量，阿胡拉馬茲達的兒子是火神——拉，所以波斯人會向火朝拜，因此「祆教」又稱為「拜火教」。

《鳩格米西史詩》

又稱吉爾伽美什史詩。為兩河流域文明最主要、也是最早的文學作品。以口語傳唱方式流傳於兩河流域之間。

史詩主要講述了蘇美時期，英雄國王吉爾伽美什，與其摯友半人半獸的恩奇都的傳說故事。

史詩中不僅展現兩河流域地理環境上，河水不定期氾濫，對於兩河流域人民精神文化上產生「對於命運不可掌握、充滿不確定因素」的影響。

▲記載《鳩格米西史詩》的泥版

埃及古文明

地理環境

希臘史家希羅多德曾說過：「埃及是尼羅河的贈禮。」尼羅河流經埃及沙漠，形成狹長的綠洲。每年河水定期氾濫，留下肥沃的土地，發展出高度農業文明，因此天災少。

埃及南有高山屏障，北有大海阻隔，東西有沙漠橫亙，地理上孤立，因此外患少。於是這個天災少外患少的地方，就產生出較為樂觀的想法，也影響到他們的宗教觀，埃及人認為國王是太陽神的化身。

政治演變

古埃及經歷過古王國、中王國與新王國三個階段。西元前兩千七百年，埃及進入古王國時代。

埃及人認為國王是太陽神的化身，既然國王是神，那麼神就不會死，所以他們稱國王的死，只是靈魂離開了身體，所以要保存國王的屍體，等待復活之用，於是將屍體做成木乃伊，而存放木乃伊的地方就是金字塔。

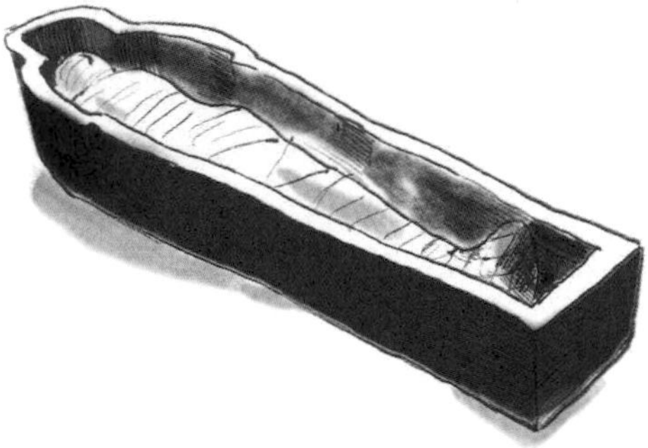

▼埃及木乃伊

木乃伊的製作方式，首先將屍體開腸剖肚，然後取出五臟，然後分裝在五個不同的瓶子裡，稱為「五聖瓶」。屍體的五臟中，最重要的是心臟，因為埃及人認為心臟控制人的思想跟品德，所以埃及人相信，人死後須到陰間支王奧塞利斯座前受審，受審的方式就是將亡者的心臟，放在天秤上和羽毛相秤，如果羽毛較重者可以得到永生，如果心臟較重者將永遠留在地獄受苦。除了統治菁英，朝中大臣與富人亦可為死去的親屬製作木乃伊，以獲得永生。

西元前二〇五〇年左右，底比斯的統治者結束衰亂，進入中王國時期。中王國統治者重視人民福祉，推動許多公共工程，同時發展國際貿易，打破埃及的孤立狀態。中王國後期，地方總督擁兵自重，中央衰弱無力。此時，西亞的西克索人乘亂入侵，統治埃及近兩百年。至西元前一五七〇年代中期，上埃及統治者驅逐西克索人，奪回政權，開啟新王國時期。

在新王國時期，埃及進入帝國時

代。埃及人向西克索人學會了使用戰車、製造青銅武器，建立起強大軍隊。新王國的統治者對內實施專制統治，對外進行帝國擴張，雄跨亞、非兩洲，勢力遠達兩河流域。西元前五二五年，埃及被波斯大軍征服。西元前三三一年，亞歷山大帝國消滅波斯，統治埃及。西元前三十一年之後，埃及被併入羅馬帝國版圖。

社會層級

埃及的統治者初稱國王，新王國時期始改稱「法老」。古埃及君王是神權統治者，法老更是神聖不可侵犯，其意旨就是法律，因此古埃及沒有出現法典。

埃及社會呈金字塔式結構。尖端是法老、王室、祭司與官僚；中間有文人、自由農、商人與工匠；下層是農奴。新王國時代，職業軍人崛起，進入上層階級；戰俘則淪為奴隸。社會階層間存在巨大鴻溝，但並非全無流動；人民只要建立軍功，也有機會晉升上層階級。

文字宗教

古埃及人發明了一套「象形文字」，寫在神廟壁畫、紀念碑與莎草紙上，因此留下許多文學作品。《死者之書》是古埃及的重要文獻。此書的內容，據信是用來幫助死者在陰間通過審判，得到永生。此外，埃及人信仰多神，崇拜各種自然現象。每個城邑都有自己的保護神，王室崇拜的神明則成為全國的信仰。

古王國時期，太陽神「拉」是眾神之首。「拉」象徵公平、正義與真理，維護宇宙和道德的秩序。中王國時期則尊奉「阿蒙」神。到了新王國，兩者合成「阿蒙——拉」，變為新的信仰。

科學與建築

古埃及的科學注重實用。他們根據尼羅河氾濫週期制定陽曆，以氾濫日為歲首。這種曆法，後來傳入歐洲，改良後廣為使用。

由於尼羅河的氾濫，國家每年須重新丈量土地，加上興建金字塔與神殿也需精密的計算與測量，埃及人遂發展出數學的知識，尤其是三角與幾何學。醫學方面，埃及人為了製作木乃伊，對人體解剖與藥物防腐頗有研究。

埃及人興建許多巨型建築，以金字塔與神廟著稱。金字塔盛行於古王國時代，是王權的象徵，以古夫金字塔最知名。中王國以後，建築以神廟為主，底比斯的卡納克神廟是其代表。

此外，埃及人也留下不少巨型雕刻，如人面獅身像和阿布辛貝神廟的法老造像。陵墓中或神廟裡的諸多壁畫與浮雕，不但具藝術價值，也是了解古埃及社會與生活的重要史料。

神奇的印度民族

印度是一個神奇的國度，身為金磚四國之一，擁有十億龐大人口；即使表面的強盛與輝煌，卻因為種姓制度及古老宗教的浸染，染上了一抹陰影。

印度早期文明

印度古文明有兩個源頭：一是本土的哈拉帕文化，一是外來的阿利安文化。

哈拉帕文化

印度河文明出現於西元前三千年左右，由印度土著達羅毗荼人所建。印度上古文明遺址的代表，主要有哈拉帕與摩亨佐達羅兩處，統稱為「哈拉帕文化」。

哈拉帕文化有繁榮的城市文明。哈拉帕與摩亨佐達羅都是磚築的城市，可容納三萬五千人。城市分內城與外城。內城是政教中心，外城是工商與住宅區。城內的公共浴室與下水道設施，尚未見於同時期的其他文明。從都市規劃與衛生系統的設置，可知當時可能已出現強大的政府組織。

哈拉帕文化以農業為基礎，商業也相當發達，商人可能已遠到兩河流域經商。達羅毗荼人也使用青銅器，手工藝十分精良。從發掘到的石印與泥版，考古學家蒐集到二百七十多個刻有文字符號的泥印章，惜尚未能完全破解其義。

西元前一千五百年左右，哈拉帕文化突然消失。消失的原因，一般認為可能是游牧民族入侵所致，但也有可能是自然環境變遷、印度河改道的結果。

另外還有一種奇妙的說法，曾有媒體提出哈拉帕文化的消失，是毀於核爆。

此說法實為穿鑿附會，其理論來源是依據《摩訶婆羅多》的記載：「空中響起轟鳴，跟著是一道閃電，南邊天空有一股火柱衝上天，有一道光過太陽的光將個天割開了一半……房屋、街道同所有生物，都被這些突如其來的天火燒毀掉。」

此段內容的描述的確很像是核子攻擊的結果，然而仔細觀察最後一句話，突如其來「天火」，是否也有可能指的是隕石墜落呢？

阿利安社會

西元前兩千年左右，居住在歐亞草原的印歐民族一支，迫於人口壓力從印度西北入侵印度河流域，自稱「阿利安人」。

阿利安人原本是游牧民族，最初在印度河流域活動，由於受到哈拉帕文化的影響，從游牧生活轉入農業生活。西元前九世紀，他們發展出鐵製武器，勢力擴展到恆河東部，並往南伸入德干高原。

阿利安人是父系社會，部落首領稱作「羅闍」，戰時是軍事統帥，平時則要保護人民。羅闍與部落會議共享權力。羅闍下轄自治村莊，而自治村莊須向其進貢產物，以換取保護。

種姓制度與婆羅門教

阿利安人進入印度之初，基於強烈的種族優越感，極力避免與土著達羅毗荼人混血，因而將社會區分為阿利安與達羅毗荼兩種人，前者膚色白晰，後者膚色黝黑。

隨著社會漸趨複雜，阿利安人發展出一套「種姓制度」，利用嚴格的階級劃分，確保統治階層的利益。

阿利安人的種姓制度

婆羅門	祭司，地位最高
剎帝利	包括貴族與武士，掌作戰與政治
吠舍	平民，從事農工商業，負責生產活動
首陀羅	奴僕，專門服侍上面三大種姓
旃陀羅	從事不潔工作的人民，社會底層的賤民，被認為永世無法翻身

這些種姓代代世襲，互不通婚，彼此的往來亦有嚴格限制，不得逾越。

種姓制度靠婆羅門信仰來維繫。婆羅門教相信「輪迴」，認為人死後靈魂會依其生前行為重新降生。因為上輩子行善，所以此生成為好的種姓；因為上輩子行惡，所以此生墮入低下的種姓。

婆羅門信仰強調今生乃前世注定，人惟有接受現實，努力行善，履行所屬階級的責任與義務，才能改變在來世中的地位。

這種思維雖有助於穩定以阿利安人為首的社會秩序，卻缺乏眾生平等的精神，加上婆羅門教偏重儀式與祭祀，因此後來漸受批評與質疑。因此佛教的改革思想，便在此種歷史背景下出現。

佛教的創始

西元前六世紀左右，佛教的始祖釋迦牟尼，是迦毗羅衛城的王子，名字叫做喬達摩・悉達多。然而為什麼叫做釋迦牟尼佛呢？釋迦是族名，牟尼是聖人的意思，佛只是覺悟者；所以原意為一位釋迦族覺悟的聖人。

▶佛教始祖釋迦牟尼

釋迦牟尼年輕時生活優渥，但二十九歲時看透生老病死之理，開始四處修行，尋求解脫之道。最後，他在菩提伽耶村的菩提樹下證道覺悟。釋迦牟尼成佛後，發願要以佛法引導眾生超脫生死輪迴之苦（涅槃）。他主張眾生平等，力圖解消印度階級與宗教的隔閡。

阿育王在位時，是印度佛教的黃金時代。他設立宗教部，派高僧四處弘法，樹立石碑、石柱，敕文以昭示萬民。他又在首都召集佛教徒，修訂佛教經典，確定佛教的基本教義和戒律。佛教獲得孔雀王朝的信奉，在印度盛行一時。西元前二世紀後，隨著孔雀王朝的滅亡，佛教在印度日趨衰微，不過，它卻循著兩條路線往外傳播：一是從印度西北傳入中亞，再進入中國的大眾部佛教（大乘佛教）；一是從印度東南傳入東南亞地區的上座部佛教（小乘佛教）。

大乘、小乘佛教

「大乘」、「小乘」的乘字，讀音為ㄕㄥˋ，而非ㄔㄥˊ；因為「乘」字是搭乘的意思，大乘佛教，乘大船，所以其教義主張普渡眾生；小乘佛教，乘小船，所以其教義主張自救。

神奇的印度數學

西元前六世紀，佛教興起，屏棄了婆羅門教的閉鎖性格，於是文學萌芽，歷史也開始有了可靠的文獻。大概也就在這個時候，出現了一類稱為用繩法則的作品。這些作品中，敘述了如何利用繩索，使祭壇的造型能符合宗教上一些幾何的要求。

同時我們也可看出，印度人的數學能力非常強大，其數學思維也是世界獨到。他們已經熟知了勾股定理；另外，他們的乘法公式也有不一樣的做法，例如：

請用心算求出 17×15 = ?

【印度人的解法】

① 17 + 5 = 22

② 22 ×10 = 220

③ 5 × 7 = 35

④ 220 + 35 = 255

以上解法適用於十位數皆為1的二位數乘法，很特別吧！

再看看另一種題目與解法：

請用心算求出 67×63 = ?

【印度人的解法】

① 6 × （6 + 1） = 42

② 3× 7 = 21

③ 67 × 63 = 4221

夠神奇吧！

以上解法適用於十位數相同，且個位數相加等於10的二位數乘法。

所以神奇的印度人不只在宗教生活與古文明發展過程中，有不同於其他民族的發展過程，印度人的思維也非常的特別。

另外如恆河的信仰：恆河源頭來自於「神山」上的瑪法木錯湖。而這座山為印度破壞神濕婆修行的地方，湖則是他與妻子洗澡的地方，被印度人稱為「聖湖」。由聖湖流下的自然是聖水，而這聖水充滿了整條恆河。

在印度教徒心中，恆河可以洗去全身罪惡，但也因為如此，河包辦了印度人一生的所有過程，也就是從出生至死亡。每天早上，印度人一定要來到恆河晨浴，一臉邋遢的拿著牙刷在河邊刷牙，而走一段路，看到的卻是一群女人搓著滿堆的泡沫在洗衣服。更詭譎的是，大批洗澡的民眾，無視著從身邊不遠處飄過的屍體，因為印度人出生要受到聖河的祝福，死亡自然也是，於是，屍體就這麼任憑他順著河水，腐爛及發臭。

無法抹掉的古老枷鎖

印度是一個神奇的國度，身為金磚四國之一，擁有十億龐大人口；即使表面的強盛與輝煌，卻因為種姓制度及古老宗教的浸染，染上了一抹陰影。

在這國度中，可以看到用黃金建造的房屋，也可以見到在垃圾堆中維生的賤民，也許只有一牆之隔。你可以看到發出粼粼波光的恆河，水面上卻飄流著肚破腸流的屍體。阿利安人大概無法想像，在自己國度滅亡的千年之後，他們便於統治的宗教，即使帝國早已融於歷史的灰燼，歷經了蒙古人、波斯人與英國人的洗禮，始終無法抹滅掉那古老生鏽的枷鎖。

古典文明的起源：希臘文明與希臘化文明

希臘文明，從最早的邁諾安文明開始，到邁錫尼文明、黑暗時代，最終迎來了璀璨的希臘時代與希臘化時代文明。

愛琴海文明

希臘文明，最早出現於愛琴海上的克里特島，大約在西元前二千七百年左右，史稱「邁諾安文明」。邁諾安人愛好和平，與希臘本土、埃及和兩河流域有貿易往來。

西元前十七世紀，有一支北方民族進入希臘半島，建立邁錫尼城。邁錫尼人尚武好戰，先攻擊克里特島，摧毀邁諾安文明（另有一說是毀於地震），後又遠征小亞細亞，圍攻特洛伊。連年戰爭讓邁錫尼元氣大傷。不久之後，多利安人南侵希臘，結束了邁錫尼文明。

希臘城邦政治

邁錫尼文明毀滅後，希臘進入「黑暗時代」，因為這段歷史，大多是依據荷馬史詩描述的內容，所以又稱為「荷馬時代」。

當時希臘形成一些部落，由國王、氏族與公民大會主政。黑暗時代後期，小亞細亞的希臘社會開始出現「城邦」，並擴散到希臘本土。

由於希臘半島屬於石灰岩地形，與水會產生溶蝕作用，因此地形崎嶇，交通不便，不易形成大一統政權。西元前八世紀初，因人口激增，土地不足，發生嚴重危機；各個城邦以向外擴張的方式解決過剩的人口，後來卻發展出不同的社會、政治模式。

斯巴達與雅典是半島上兩個重要的代表。

和平的邁諾安文明

邁諾安文明出土的文物，陶器和壁畫中，多是慶祝豐收的畫面。

▲邁諾安文明壁畫中的漁夫

斯巴達的軍國主義

斯巴達位在伯羅奔尼撒半島東南部，是個農業城邦。西元前七二〇年，斯巴達入侵美西尼亞，以其人民為農奴，替斯巴達人耕作。斯巴達人則變成地主，專門負責作戰。

斯巴達施行軍國主義，孩童須經過優生篩選，由政府集中教養，訓練成戰士。斯巴達人把公民編入軍隊，成為職業軍人，以防止奴隸的叛亂。斯巴達男子七歲進入軍校，接受軍事訓練，十八歲加入軍隊，服役到二十七歲退伍，並開始組織家庭。

所謂的斯巴達軍國主義，以下用一個例子說明：「斯巴達戰士在軍校受訓時，通常不會讓他們吃飽飯，要訓練他們在餓肚子的情況之下，仍能保持一定的戰鬥水準；但發育階段的小孩，耐不住飢餓，便到廚房偷東西吃，一旦被抓到，就要打瞎一隻眼睛，然而處罰的原因，並非是懲罰偷東西的行為，而是警告你若未來在戰場上，去敵人廚房偷東西吃，如果被抓到，就不是只失去一隻眼睛了。」

▶斯巴達戰士

雅典的民主

不同於斯巴達的軍國主義，雅典雖也積極對外擴張，藉由海外殖民紓解人口壓力，他們同時也發展商業，種植經濟作物牟利。這個政策造就城邦的富庶，卻也形成嚴重的貧富差距，因而有後來的政治改革。

雅典一如其他希臘城邦，曾經實行王政。但王政廢除後，少數人掌控元老議會壟斷政權，掌握最高權力。雅典又因土地過度開發，生產力日減；土地兼併嚴重，奴隸人數暴增，社會陷入不安。西元前五九四年，雅典公民大會選舉梭倫為執政官，授予權力進行改革。

梭倫的改革

梭倫上任後，首先取消農民債務，恢復奴隸自由。其次依財產多寡重定社會階級，讓其獲得不同程度的參政權。梭倫創設「四百人會議」，由雅典的四個部落各選出一百人參加，目的是要制衡元老議會之權力。在西元前五六一年，希臘出現僭主制度，由庇西特拉圖執政，頗獲平民支持，但是他的兒子小庇西特拉圖上臺之後，遭到民眾的反對，結束了僭主政治（非世襲的獨裁者）。

克里斯提尼的施政

結束僭主政治後，西元前五一〇年，克里斯提尼上臺，展開政治改革，包括：①重組雅典部族，削弱血緣主義的影響；②成立「五百人會議」，負責向公民大會提案，監督政府施政；③增加「公民大會」權力，擴大參政人數；④利用「陶片流放制」，公民票選出可能破壞民主之人，流放在外十年，避免再次出現僭主政治。

伯里克里斯時期

雅典民主制度的成熟期，出現於伯里克里斯主政之時。當時，公民大會是城邦最高權力機構，凡年滿十八歲的成年男性公民，即可參加。除了少數例外，所有官吏亦由抽籤產生。雖然雅典的政治尚不是一種完整的民主制度。但它無疑為後世的民主政治樹立了典範，因此雅典被稱為「全希臘的學校」。

希臘時代的文明成就

名稱		內容
哲學	蘇格拉底	喜歡思索人生的意義和目的，也常藉由辯論來探索人生課題。
	柏拉圖	蘇格拉底的學生，重視抽象觀念，主張在物質世界之外，尚存在一個「理念」的世界，後者才是絕對的真理。
	亞里斯多德	柏拉圖的學生，重視經驗與實證，主張以觀察和歸納的方法，系統地研究學問。
政治觀	蘇格拉底	鄙視民主政治，主張交由專業的獨裁者來管理城邦。
	柏拉圖	以《對話錄》提倡精英治國論，主張讓最聰明的人接受最多的教育，以成為「哲學家皇帝」，來領導百姓。
	亞里斯多德	認為「人是政治的動物」，但僅成年男性公民有參政權。好的政體，是能讓人民擁有優質生活和共同福祉。
醫學	希波克拉底	被稱為「醫學之父」。其及其追隨者指出，許多疾病的發生有其自然的原因，否定古代以「鬼神作祟」的說法，來解釋疾病發生的因素。影響西方現代醫學理論。
史學	希羅多德	被後世尊稱為「史學之父」，類似中國司馬遷的角色。他為了探究「波希戰爭」的成因，曾周遊地中海世界，把許多傳說、故事寫入作品中。
	修希底得	關注伯羅奔尼撒戰爭。反對使用傳說當成素材，儘可能採用他所認為的可信證據撰寫歷史，被稱為「西方科學史學之父」。
文學	詩	荷馬史詩、抒情詩。
	戲劇	希臘戲劇分為悲劇和喜劇。希臘戲劇的演出並非純粹為了娛樂，還帶有崇高的目的，即淨化人心和探索人生意義。
藝術		希臘人的藝術美感，表現在均衡、和諧與對稱等特色方面。供奉雅典娜女神的帕德嫩神廟是最知名的代表作。

亞歷山大帝國的建立

西元前五世紀，希臘面臨內憂和外患。外患是指希臘城邦與波斯帝國爆發「波希戰爭」，最後希臘聯軍擊敗波斯人，保住希臘人的文明與自由。內憂則是波希戰後，雅典取得希臘各邦的領導權，引起斯巴達的不滿。雅典與斯巴達各自尋找其他城邦組成聯盟，雙方陣營爆發「伯羅奔尼撒戰爭」。雖然斯巴達最後戰勝雅典，但已元氣大傷。

此時，希臘北方的馬其頓王國興起，首先蠶食希臘北部，其次大舉南侵。西元前三三八年，馬其頓國王菲利浦二世征服希臘全境，希臘城邦自此喪失主權。西元前三三六年，亞歷山大即位後，展開東征，征服波斯帝國，再向印度挺進，建立第二個橫跨歐、亞、非三洲的大帝國。然而，西元前三二三年亞歷山大意外病逝，讓帝國陷入混亂與內戰。

最後，亞歷山大的帝國分裂為安提哥那、塞流卡斯與托勒密三個王國，直到西元前一世紀，羅馬人征服這些地區，才結束這種分裂局面。

希臘化時代的特色

經濟與政治

希臘化時代商業繁榮，貿易發達。政治上，希臘化時代盛行專制主義與中央集權政體。城邦失去政治的獨立性，個人相對受到壓制。於是許多知識分子開始逃避現實，轉向具有個人色彩的人生哲學。

哲學

希臘化時代的哲學，即以追求個人幸福為特色。伊比鳩魯學派的創始人是伊比鳩魯，宣揚人生的目的是追求快樂，依循理性的生活乃是最大的快樂，但被後世誤認為是縱慾主義的代表。斯多葛學派的創始人是芝諾。主張以理性克制情欲，個人只要依循自然律，就可過著美德的生活，但被後世誤認為是禁慾主義的代表。

科學與天文

希臘化時代的科學繼承亞里斯多德的科學精神。埃及的亞歷山大圖書館，成為世界最早的官方研究院。數學方面，歐基里德的《幾何原本》是最知名的著作，還有高中數學課介紹到的海龍的「海龍公式」以及畢達哥拉斯的「畢氏定理」都是這個時期的偉大成就。另外，阿基米德對浮力、槓桿原理均有研究，為力學、物理學貢獻良多。天文學方面，最具影響力的是托勒密的「地心說」，直到十六世紀才受到挑戰。

歐洲的大一統：羅馬帝國

羅馬原本只是個質樸的農業民族。西元前三世紀起，他們開始接觸希臘文化，並加以發揚光大。希臘文化與羅馬文化構成西方的「古典文化」，為日後的歐洲文化奠立基礎。在文學、史學、法律與建築等方面都留下羅馬豐富的文化遺產。

羅馬的歷史分期：王政、共和與帝國

王政時期

羅馬原本是拉丁平原的一個部落，後來由羅慕魯斯（Romulus）跟雷慕斯（Remus）兩兄弟合力建立起羅馬城，後來逐漸發展為一個城邦。相傳兩兄弟出生時，他們的父親去太陽神廟，求取阿波羅神諭，預言兩兄弟長大後會自相殘殺，並殺死父親。

因此他們父親就將兄弟倆丟到森林裡去，後來兩人被一匹狼給收養了，長大之後回來殺死父親，向父親報仇，並因為羅馬城的命名而自相殘殺，羅慕魯斯殺死雷慕斯，所以這座城才會叫做羅馬（ROME）。西元前八世紀羅馬進入王政時期，實施君主政體，最後兩任國王由外族伊特拉斯坎人出任。西元前五〇九年，羅馬人驅逐伊特拉斯坎人，改行共和。

共和體制

執政官與元老院

羅馬人建立共和體制後，不再設立世襲的君主，改以兩名「執政官」為最高行政與軍事首長，任期一年，可相互制衡。施政的諮詢機構為「元老院」，由貴族組成。

「公民大會」則是最高權力機關，以「百人團」為單位組成，有權推選執政官。執政官退休之後加入元老院。

平民與護民官

共和早期，貴族壟斷了社會與政治資源，但平民經過長期的抗爭，爭取到部分權力。他們選出「護民官」來保護平民，並制定一部具備現代法治精神的「十二銅表法」（其立法精神為「法律之前，人人平等」）。

此外，也慢慢開放重要官職給平民機會。平民擔任過高官後，甚至可以進入元老院。除了「公民參政」，羅馬共和體制還有彼此「制衡」的特色。

向外擴張

共和時期，羅馬人開始向外擴張。

他們征服義大利半島各地。西元前二六四年，羅馬把勢力伸進西西里，與北非迦太基發生長達將近一百年的「布匿克戰爭」（羅馬人稱迦太基人為布匿克人）。

最後羅馬擊敗迦太基，取得北非與西班牙，控有地中海西部。

同時，羅馬人也向希臘、西亞及北非地區進軍，最後羅馬終於統治了整個環地中海地區，建立起世界上，第三個跨歐亞非的大帝國。

從共和到帝制

然而，羅馬的對外擴張卻導致共和危機，西元前二世紀，羅馬土地兼併嚴重，社會陷入危機。元老派與平民派相互衝突，各自勾結軍人，逐漸由政爭演變成內戰。

西元前一世紀中葉，開始軍人混戰，先有前三雄相爭，繼有後三雄互鬥。凱撒是共和後期的重要人物，他曾征服高盧，建立功勳。靠著平民派的支持，被選為執政官。西元前四十八年，凱撒擊敗強敵龐培，獨攬大權。但元老院懷疑他要實行帝制，於西元前四十四年派普羅塔克斯將其刺殺，留下一句名言：「吾愛凱薩，更愛羅馬」。

凱撒死後，養子屋大維替他復仇。隨後，屋大維又與凱撒部下安東尼爭取大權。

西元前三十一年，屋大維在亞克興戰役中，擊敗安東尼與埃及聯軍，成為羅馬世界的唯一統治者。

屋大維勝利後，以恢復共和、重建羅馬為號召。他保留了元老院與公民大會，並以「第一公民」自稱，元老院後來尊他為「奧古斯都」。

屋大維雖未直接稱帝，表面上也尊敬元老院，但已握有「皇帝」實權。於是羅馬開始進入帝國時期。

▶屋大維被尊為奧古斯都

八月的由來

「奧古斯都」的拉丁文為Augustus，由於他即位的時間在陽曆的八月，所以八月的英文就變成了August。

羅馬帝國的興衰

羅馬和平時期

奧古斯都以後的兩百年裡，地中海世界在羅馬帝國控制下，享受長期和平與繁榮，史稱「羅馬和平」時代。在這時期，羅馬帝國秩序安定，人民遵守相同法律，說同樣語言，以「羅馬人」自居。帝國境內，軍用道路提供便捷交通，聯結各省，形成複雜的市場網絡，促進經貿的繁榮。政府興建許多公共建築，如神廟、劇場、競技場、市民廣場和公共浴場等，獨步於同時期的其他文明。

帝國危機

但西元三世紀以後，羅馬帝國開始浮現危機。政治方面，帝國過度依賴軍隊支持，導致軍人干政。經濟方面，政府的社會福利政策，亦使財政枯竭，經濟日漸惡化，加上戰亂頻仍，人口流失，導致生產力下降。軍事方面，由於帝國兵源不足，政府不得不招募日耳曼民族為兵，戍守邊區。此舉無異引狼入室，為日後的動亂埋下伏筆。

帝國的分裂

帝國經過長時間的軍閥內戰之後，由戴克里先掃平群雄，出任羅馬皇帝，但為了便於統治，他將帝國分為東西兩部，分屬東西二帝及其副手管理，史稱「四帝共治」。

君士坦丁大帝曾短暫統一帝國，並進一步在東邊建立新首都——君士坦丁堡，象徵帝國政經文化重心的東移。但是帝國內部，仍是紛擾不安的局面。到了西元三九五年，狄奧多西臨終前，又將羅馬帝國一分為二，由其二子統御，從此不再復合。

帝國滅亡

日耳曼人獲准居住在帝國邊界，充

羅馬共和時期	前 509 年 - 前 27 年
↓	
羅馬帝國時期	前 27 年 -293 年
↓	
東羅馬帝國 西羅馬帝國	293 年 -330 年
↓	
羅馬帝國 短暫統一	330 年 -395 年
↓	
東羅馬帝國 西羅馬帝國	395 年 -476 年（西） 395 年 -1453 年（東）

▲羅馬政體歷史分期

任羅馬軍隊的傭兵。西元三世紀起，日耳曼民族陸續滲入帝國境內。到了四世紀中期，他們已成為帝國的嚴重威脅。

為了取得生存資源，日耳曼人大舉向羅馬發動攻擊。他們當中的西哥德人首先發難，於西元四一〇年洗劫了羅馬城。另一支日耳曼民族汪達爾人則控制地中海中部，亦於西元四五五年攻入羅馬城。

西元四七六年，日耳曼的聯軍首領罷黜羅馬帝國皇帝，僭取其稱號。雖然當時尚有另一位羅馬皇帝，在君士坦丁堡繼續統領帝國東部，且聲稱自己對帝國西部享有統治權，但是傳統上認為西羅馬帝國已於四七六年滅亡。這也象徵古典文明在西歐的終結。

羅馬的文化遺產

文學	拉丁文學是羅馬文學的核心。 賀拉西擅抒情文，味吉爾長於敘事詩。凱撒是軍人兼文學家，其高盧戰記文筆簡潔流暢。而西塞羅則以論著、書信與演說辭著稱，言辭雄辯，文字優雅。西塞羅的寫作格式，被稱作「西塞羅文體」，是當時人競相模仿的對象。
史學	以表彰羅馬民族光榮為主，代表作品為李維的《羅馬史》。還有與李維齊名的塔西陀，其著作《歷史》強調歷史的戒鑑，重視道德教訓等。
法律	帝國時期，羅馬發展出兩套法律。「民法」適用於羅馬公民；「萬民法」適用於各國人民。 西元前一世紀，羅馬學者又提出「自然法」的觀念，主張宇宙間有一種自然法則，代表理性、公理與正義，有其普遍性與正當性。 西元三世紀後，由於多數人民已獲得公民權，帝國整合以上三種法律，形成「羅馬法」，在全境施行。這套法律成為後來歐洲各國法律的重要起源。
建築	羅馬建築以列柱、半圓拱與圓頂，興建許多公共建築，展現壯觀、宏偉的氣派。萬神廟與圓形競技場，更成為誇耀帝國權勢與榮光的代表性建築。
雕刻	羅馬人的雕刻則呈現自然、寫實的風格，刻畫公眾人物生動的面貌。

基督教的興起與擴張

希伯來人建立一神信仰的「猶太教」，後來衍生出基督教，並影響了伊斯蘭教，對世界文明有著重大影響。

基督教的前身：猶太教的創立

民族興衰

希伯來人原是兩河地區的游牧民族，西元前一九五〇年左右，他們隨著領袖亞伯拉罕遷居這塊上帝的「應許之地」——巴勒斯坦，然而有一些人因災荒避居埃及，西元前十三世紀中葉，他們不堪埃及法老的奴役，在領袖摩西的率領下逃出埃及，重返巴勒斯坦。

之後他們又在掃羅的領導下，建立了希伯來王國。大衛繼位後，希伯來王國積極向外擴張。到大衛之子所羅門王時讓王國的聲勢達到鼎盛。

但所羅門王死後，希伯來王國卻因南北的政治矛盾與經濟衝突，分裂成北方的以色列王國，以及南方的猶大王國。兩國互相爭戰，後來分別被亞述人與新巴比倫的加爾底亞人所滅。

加爾底亞人將希伯來人帶到巴比倫當奴隸，史稱「巴比倫之囚」。直到西元前五三九年，波斯征服新巴比倫後，希伯來人才獲准重返巴勒斯坦。之後，希伯來人受到希臘與羅馬帝國的統治。西元七〇年，他們起來反抗羅馬統治，遭到殘酷的鎮壓。羅馬人拆毀其聖城，驅散其族人。

往後的兩千年，希伯來人流浪世界各地，藉著堅定的「猶太教」信仰

▲描繪「巴比倫之囚」的畫作 ──《遷徙之囚》／詹姆斯．迪索繪

凝聚向心力，盼望重建家園。但直到一九四八年，才在巴勒斯坦重新建國以色列。

猶太教義

希伯來人原本崇拜多神，但亞伯拉罕聲稱，猶太人與耶和華訂定契約，必須奉耶和華為唯一真神，而世界末日來臨之時，猶太人也是唯一能夠獲得拯救的選民。可惜因為希伯來人未遵守聖約，才會受到神的懲罰，歷經苦難。摩西出埃及後，在西奈山與神再度訂約，確立希伯來人對「耶和華」的信仰。

此後，希伯來人自認獲得神的賜福，成為祂的「選民」。西元前八世紀後，希伯來進入「先知時代」。先知運動發展出以「耶和華」為唯一「上帝」的一神論，強調上帝作為造物主，世界在其旨意下運行的理念。先知們也告誡希伯來人必須服從上帝的戒律，勿行不義之事。

基督教的建立、傳播與分裂

基督教的興起

創教過程

在基督教的創始過程中，耶穌是關鍵人物。耶穌於羅馬帝國初期，出生於巴勒斯坦。他少時因聽猶太教祭司講道，熟悉猶太教義理。三十歲時，受「施洗者約翰」影響，開始傳教。

約翰曾響應「救世主」運動，預言救世主將降臨。他鼓勵猶太人接受洗禮，洗盡罪惡，以迎接救世主。耶穌是受洗者之一。因為公開抨擊當時猶太人的統治者希律王，約翰被捕入獄，遭到處死。

耶穌繼承約翰的遺志，挑選十二個門徒，在巴勒斯坦傳教。根據《新約聖經》的記載，西元二十九年，耶穌進入耶路撒冷，由於批評猶太教祭司的貪婪與偽善，且宣稱將有救世主降臨，因而被交由羅馬總督判處死刑，釘死在十字架上。

耶穌被其信徒稱為「基督」，即「救世主」之意。他所創的宗教後來被稱為基督教。門徒把耶穌生前的言行記錄下來，完成新約，以有別於猶太教的舊約。

舊約與新約合稱為聖經。《新約聖經》的精神，是信主就能得永生；《舊約聖經》的精神，是只有猶太人能夠

「救世主」運動

世界末日來臨之時，耶和華將派遣救世主帶領希伯來人前往天國，而救世主在希伯來語稱為「彌賽亞」，拉丁文稱作「基督」。

上天堂。因此當基督教興起之後，猶太教的信徒就大幅縮減，因為若非不是猶太人而信奉猶太教，結果卻是要下地獄，我可不幹；反之信基督教，不分國籍人種，都可以上天堂，我當然要信基督教。這或許也是耶穌遭殺身之禍的原因吧！

▲耶穌基督

傳教事業

在基督教早期的傳播中，使徒保羅是個關鍵人物。他本是猶太教徒，曾迫害過基督徒。西元三十五年，他在赴大馬士革途中，受到感召而改信基督教。

此後，保羅成為基督徒，在小亞細亞、地中海地區和希臘等地傳教。經過保羅的努力，基督教逐漸提升為世界性信仰。保羅強調基督徒必須信仰耶穌，接受他的道；他們必須成為使徒，傳播上帝福音。此外，他更主張得救或釋罪來自恩寵，恩寵來自對上帝和耶穌真理的信心。這些後來均成為基督教思想的核心。

基督教的傳播

基督教早期遭到羅馬帝國的迫害，原因有二。其一，基督教受到下層社會的歡迎，聚會活動又隱密，容易引起政府疑忌。其二，基督徒堅持一神信仰，拒絕膜拜皇帝肖像，導致與帝國間的緊張關係。

從教難到國教

西元六十四年羅馬大火，皇帝尼祿故意縱火，並嫁禍基督徒，目的是為了藉由沒收基督徒的財產，來重建羅馬城，因此尼祿皇帝被稱為暴君，後來有一款燒錄軟體的品牌，便以尼祿皇帝來命名，叫作「Nero」。

西元三世紀，帝國陷入內外危機，政府對基督徒的迫害益烈。許多堅定的信徒成為殉教者，對於傳教更具號召力。

四世紀初，羅馬帝國分裂為二，西羅馬帝國皇帝君士坦丁，為了增加國內人口及稅收，於西元三一三年，頒布「米蘭詔令」，賦予基督教合法地位，目的是吸引東羅馬的基督徒加入西羅馬陣營，所以我個人定義君士坦丁賦予基督教合法地位，其實是為了增加「香油錢」。

西元三八〇年，羅馬帝國皇帝狄奧多西更下詔禁止異教，獨尊基督教，使基督教成為羅馬國教。

教宗制度的誕生

早期基督教主要在城市傳播，由各地自組教會，推舉「長老」負責教務。

西元二世紀後，「主教」制度成形。城市及附近地區構成一個教區，由教徒選舉主教，負責宗教活動、教會紀律及與政府往來。主教之間也保持聯繫，遇有宗教問題，即召開教務會議處理。

耶穌使徒彼得曾擔任首任羅馬主教，並在羅馬殉教；聖經中的「彼得磐石」說，聲稱耶穌把天國鑰匙交給彼得，指定其建立教會。加上羅馬是帝國的中心，因此西元四世紀後，羅馬主教逐漸成為各地教會的領袖。從六世紀起，西歐教會更尊稱羅馬主教為「教宗」。

基督教教會的分立

羅馬帝國晚期分治後，帝國東、西部日漸疏離。西元四世紀中葉，由於君士坦丁皇帝遷都君士坦丁堡，當地教會地位大為提升，漸與羅馬教會分庭抗禮。

東西教會後來產生分立：西羅馬地區，信仰「羅馬公教」，東羅馬地區，接受「希臘正教」又稱為東正教。基督教會的分立狀態，並不因羅馬帝國西半部的滅亡而終結。

在中世紀，東西教會繼續引導各自的教區和教民，但是文化、政治和教義解釋的歧義，卻也使他們最後走向分裂的局面。

中古歐洲的封建社會

要了解中古時代的歷史發展，就必須分成三個區塊來討論：中古時代的西歐、中古時代的東歐（拜占庭帝國）、中古時代的亞洲（阿拉伯帝國）。特別是東歐與西歐的歷史發展，兩者呈現兩極的差距。

中古西歐的文化

西元四七六年西羅馬帝國遭到蠻族的篡位，而導致統治權瓦解，之後蠻族紛紛在歐洲建國，分布在整個西歐。

然而當時蠻族的文化水準與之前的羅馬帝國相差甚遠，無論是政治、經濟、社會、文化各方面，皆呈現倒退的現象，因此十八世紀的伏爾泰稱中古時代的西歐為「黑暗時代」。

當時蠻族到處殺人放火，歐洲社會秩序動盪不安，唯一能夠出面穩定歐洲社會秩序的人，只剩下基督教領袖——羅馬教宗。

西元四八一年在法蘭克蠻族領袖克洛維的帶領之下，歐洲的蠻族逐漸皈依了基督教信仰，西歐也逐漸籠罩在基督教的影響之下，當時的歐洲人無論是出生到死亡，都受基督教禮儀的影響。

基督教的教義告訴信徒們，人活在世界上的目的就是為了「榮耀上帝」，虔誠的基督徒在死後可以進入上帝的國度，所以整個西歐在中古時代，都受到這種神本文化的影響，所以當時歐洲人一生的目標，就是死後能夠上天堂。

蠻族的分布

法蘭克人	在高盧（今法國）建國
東哥德人	在義大利建國
西哥德人	在伊比利半島（今西班牙）建國
汪達爾人	在北非建國
盎格魯－撒克遜人	在不列顛（今英國）建國

伴隨一生的基督教禮儀

出生時受洗，結婚時需在上帝的見證下完婚，死亡時需要由教會神職人員為其禱告。

中古西歐的政治

中古西歐的政治是一種建立在以土地分封及上下臣屬關係上的分權體制。在這個政治架構之下，可以簡單地分成三個層級：領主、附庸和農奴。

領主即為賜地給附庸的角色；接受領主土地分封，替領主提供服務的人稱之為附庸；而農奴則為土地的實際使用者。

領主與附庸彼此之間存在一層契約的關係，而中古時代的經濟型態，除了北歐的斯堪地那維亞半島和義大利北部有零星的商業活動之外，其他地區皆是以農業為主。因此從事農業活動的農民，便被綁在土地上生存，喪失了遷徙的自由，被稱為農奴。

當領主分封土地給附庸時，需要舉行一次隆重的分封典禮，先由附庸跪在領主前面，將兩手放在領主手間，宣誓效忠領主，這就叫做「臣服禮」；接著領主就以長矛、手杖或其他足以象徵分封的信物交給附庸，稱之「授職禮」。

這種分封典禮完成後，領主與附庸間就產生了主從關係，彼此間便有應享的權利與應盡的義務。

中古西歐的經濟

中古西歐的經濟型態以農業為主，莊園是封建制度的基本經濟單位。

中古的莊園以城堡為中心，城堡之外圍有城牆，城牆外有護城河，護城河之外就是廣大的農田和森林，農奴的村落便是建立在這廣大的農田之上，由於城市毀壞，商業衰退，以物易物與勞務交換就構成了中古歐洲主要的經濟關係。領主提供農奴生活安全所需，農奴則從事各種維持領主產業的工作。

查理曼帝國與神聖羅馬帝國的形成

梅羅文迦王朝

四八一年克洛維建立了法蘭克王國的梅羅文迦王朝，但是克洛維死後諸子爭地，不久即陷入分裂。八世紀之後大權旁落於宰相家族手中，七三二年，穆斯林入侵南法遭首相「鐵槌查理」驅逐。事後，「鐵槌查理」權威凌駕國王之上。

▲中古歐洲莊園以城堡為中心

加洛林王朝

八世紀中葉倫巴底人威脅羅馬，教宗向丕平（鐵鎚查理之子）求援，丕平擊敗倫巴底人後將土地全歸於教宗所有，義大利中部即為日後所稱之教皇國，此稱為「丕平的贈獻」。

教宗司提反二世為了感謝丕平的功勞，批准他廢黜梅羅文加王朝末代國王希爾德里克三世，並承認其所建立的加洛林王朝。司提反還封丕平為羅馬貴族作為回報。丕平率軍在七五四年進入義大利。

在此後的兩年中，他平定了義大利中部和北部的許多地方，然後將其作為對教會的奉獻贈送給羅馬教皇。

這種蠻族領袖和教宗合作的模式，就是封建制度下領主與附庸的關係，丕平給教宗土地，教宗就承認丕平的篡位。

查理曼帝國的建立

西元七九九年，羅馬居民暴動，教宗李奧三世逃到法蘭克王國，次年由查理曼率領軍隊護送返回羅馬，親自調解反對者與教宗間的糾紛。

西元八〇〇年，教宗加冕查理曼為「羅馬人的皇帝」。查理曼最大的夢想便是成立一個完全信奉基督教的大一統歐洲。

因此他獎勵學術、設立學堂、開辦學校、保存拉丁文著作，史稱「加洛林文藝復興」。

> **不能稱查理曼大帝！**
>
> 坊間有許多資料稱查理曼為查理曼大帝，其實是一種錯誤的稱呼，因為查里曼的曼原本就是法蘭克語的大帝之意，所以正確的說法應該是查理大帝才對，但是歷來國王稱為查理的人頗多，因此便以查理曼稱之。

查理曼死後國家陷入內戰，其後代簽訂凡爾登協定，帝國被分裂成東法蘭克、西法蘭克和中法蘭克王國。後來東、西法蘭克王國又共同瓜分中法蘭克王國。其後西法蘭克發展演變為今日之法國。

神聖羅馬帝國的建立

查理曼帝國分裂後，日耳曼地區為東法蘭克王國控制，東法蘭克王國後來大權旁落在境內強大的日耳曼諸侯——鄂圖一世手中。

西元九六二年鄂圖一世由教宗加冕為「羅馬皇帝」。號稱「神聖羅馬帝國」（此時尚無「神聖羅馬帝國」的國名，至孔拉德二世時始稱「羅馬帝國」，至腓特烈一世時，為了與「神聖羅馬教會」的名稱相抗衡，方始稱「神聖羅馬帝國」），鄂圖一世為了回報教宗的恩賜，頒布了鄂圖曼法令，承諾維護教皇國的獨立地位。

這種蠻族領袖和教宗合作的封建模式，在中古時期的西歐各王朝中不斷的上演。

形同附庸的教會

教會在中古初期為拓展教務，有賴君王的支持保護，君王則需要教會認可其合法性。此外，教士也是當時少數受教育之人，更是治國助手，國王們為了酬謝教會的幫助，捐出大批土地，使教會財富大增。

但是時間一久，也使得教會的世俗化與封建化程度日深，教會接受國王賜地之後便與「附庸」無異，導致國王常干預教會事務，因此中古時代的政教衝突不斷上演。

東羅馬帝國的興衰與拜占庭文化

西羅馬帝國滅亡後，東羅馬帝國以羅馬帝國繼承者自居，繼承與發展希臘、羅馬古典文明與基督教文明，並深受波斯、伊斯蘭教文明影響。

中古西歐的文化

西元四世紀初，為了防衛帝國邊境，羅馬皇帝戴克里先把帝國分為東西兩邦，自己鎮守東方。西方則交給另一位皇帝管理。西帝國的君士坦丁在西元三二五年時，暫時統一了東西帝國，不久後選擇拜占庭做為帝國新都，並改名君士坦丁堡。

西元三九五年，迪奧多西大帝又將帝國分為東西兩邦，交由兩個兒子統治，西元四七六年由於蠻族入侵，西羅馬帝國滅亡，僅留下東帝國延續羅馬帝國的正朔。

分裂後的東羅馬帝國疆域，只限於小亞細亞、敘利亞、巴勒斯坦、埃及等地。雖然它的版圖仍然橫跨歐亞非三洲，卻也是史上最小的跨三洲帝國。

東羅馬帝國全盛期：查士丁尼大帝

東羅馬帝國的全盛時期，是在西元五至六世紀，並於查士丁尼大帝在位期間（西元五二七年至五六五年）達到巔峰。查士丁尼消滅北非的汪達爾王國及義大利的東哥德王國，占領西班牙東岸，建立了東羅馬帝國版圖最為遼闊的時期。

除此之外，查士丁尼在西元五二八年，聘請十位法律專家整理帝國法令，總結古希臘、羅馬時代法律知識。編纂出中古時代最重要的法典——《查士丁尼法典》。

這部法典保存了「羅馬法」的理性和公平的原則，成為日後大部分歐美國家的法律範本。

藝術方面，查士丁尼重建了聖索菲亞大教堂（也稱為「神聖智慧堂」），重建出一座內部充滿鑲嵌畫，整體裝飾富麗堂皇的宗教建築。在西元一四五三年以後，由於鄂圖曼土耳其人攻陷君士坦丁堡，再將聖索菲亞大教堂改為回教的清真寺。現今則為土耳其博物館，這些經歷，皆為這棟歷史建築，帶來多元的色彩。

雖然查士丁尼時期，是東羅馬帝國的全盛時期，但也是由盛轉衰的時期，他甚至被史學家稱為最後一位羅馬皇帝，因為在他過世之後的東羅馬帝國，也完全走向希臘化，喪失了原本羅馬帝國時期的色彩，完全成為一個希臘式的政權，因此在查士丁尼過世之後，這個東方帝國也改名為拜占庭帝國，拜占庭城是希臘時期的重要城市，也是君士坦丁堡的前身。

▲查士丁尼大帝與其法典

拜占庭的宗教

拜占庭帝國的宗教，屬於基督教信仰，但是有別於西歐教會政教分離的形式，在東方，教會是政教合一的型態，皇帝是教會的最高領袖，可任命主教、過問教會事務。基督教會的分裂是在西元一〇五四年時，羅馬教宗下詔革除東正教會的教籍。

東西教會除了爭奪教會的領導權之外，對於東西教會香油錢的分配，也是雙方衝突的原因，當時西歐經濟倒退回原始的農業經濟，而東歐依然商業繁榮，經濟條件明顯的比西歐來得好上許多，拜占庭皇帝自然不願意東方教會的香油錢受到西歐教皇的控制及支配，因此才會產生十一世紀的大分裂，西歐的稱為「羅馬公教」（西公教）；東歐的稱為「希臘正教」（東正教）。

七世紀以後，由於受伊斯蘭教影響，以及拜占庭政府為鞏固政權及奪取教會財富。七三〇年李奧三世禁用聖像，君士坦丁五世（西元七四一年至七五五年），大肆破壞各地基督教石像雕塑、圖畫，教堂內只剩下十字架，這個運動稱之為「破壞聖像運動」。雖然說這個運動最後以失敗告終，至今東正教仍敬拜聖像，但也使後期聖像創作的風格，流於呆板枯燥，直到文藝復興時期，才重新恢復。

▼羅馬公教與希臘正教的比較

教派	羅馬公教	希臘正教
地區	西羅馬	東羅馬
文化	拉丁文化	希臘文化
聖像崇拜	允許聖像崇拜	不允許聖像崇拜
聖靈說法	聖靈源自聖父聖子	聖靈僅源出於聖父
政教關係	政教分離	政教合一
權威	羅馬教宗	拜占庭皇帝

拜占庭文化的影響與貢獻

西羅馬滅亡後，東羅馬以羅馬帝國繼承者自居（第二羅馬），繼承與發展希臘、羅馬古典文明與基督教文明，並深受波斯、伊斯蘭教文明影響。

《查士丁尼法典》及「聖索菲亞大教堂」的建築與鑲嵌畫藝術，都是拜占庭文化的重要內涵，例如鑲嵌畫及聖像畫廣泛運用於教堂內的設計裝飾。不重寫實，而注重象徵意義，使不識字的信徒藉由圖像了解《聖經》中的故事。

然而更重要的是拜占庭文化對西歐和東歐的貢獻。

對東歐的斯拉夫民族來說，俄國的東正教、建築、曆法、字母、藝術都源於拜占庭文化。俄國自認為拜占庭的直接傳人，實行君主專制，並以第三羅馬自居。俄皇自稱為「沙皇」，即由凱撒一詞轉變成的。

對西歐來說，保存的古希臘典籍為「文藝復興」奠基，建築影響到義大利許多著名的教堂。繪畫方面也影響到「文藝復興」時期的畫風。

▲聖索菲亞大教堂內西南大門上的聖像畫

眞主阿拉與先知

穆罕默德為真主阿拉的最後先知和使者，《古蘭經》是阿拉傳達的訓示，穆罕默德由此創立了伊斯蘭教與一個政教合一的政權。

伊斯蘭教建立前的阿拉伯半島

階級對立

西元六世紀末到七世紀初，阿拉伯半島是個階級對立非常嚴重的社會，經濟發展上嚴重失衡。半島上的奴隸替貴族進行綠洲農業的灌溉工作和牲畜的放牧。但是半島上的貴族卻殘酷壓榨奴隸和貧民，加劇了階級的對立。

戰火不斷

六世紀時，拜占庭和波斯兩大帝國爲爭奪葉門的控制權，展開激烈爭鬥，雙方互有勝負，也使該區戰火不斷。

經濟衰退

西元五七二年至六二八年波斯統治葉門後，另開闢一條從波斯灣和兩河流域到地中海的商道，嚴禁商品通過葉門。商道的改變，使昔日繁榮的阿拉伯各城市，成爲一片荒野。

伊斯蘭教的創立與最後一位先知

穆罕默德出生於麥加的一個貴族家庭——哈希姆家族，不幸的是穆罕默德的父母親在他少年階段，先後染病去世，所以穆罕默德是由叔父所扶養長大的。

穆罕默德二十五歲時遇到一位有錢的富孀海蒂莎（或譯爲赫蒂薩），從此改變了他的命運，兩人結婚之後，他的妻子爲他帶來了很大的財富。讓穆罕默德能夠有足夠的財力，建立起這影響後世深遠的宗教。

西元六一一年，穆罕默德當時正在麥加當地的一個希拉山洞沉思之時，耳邊傳來一個聲音，他張開眼睛時，眼前看到一位長著翅膀的大天使，這位天使稱自己爲天使長加百列，並帶來眞主阿拉的啓示要傳達給他：「你應當奉你的創造主的名義而宣讀，他曾用血塊創造人。你應當宣讀，你的主是最尊嚴的，他曾教人用筆寫字，他曾教人知道自己所不知道的東西。」並宣稱從此眞主揀選了穆罕默德爲眞主的最後先知和使者，不識字的穆罕默德就在加百列的帶領下，將《古蘭經》讀誦出來。

穆罕默德一開始只在親友之間，傳播他的宗教——伊斯蘭教，然而穆罕默德在傳教的過程中，強調穆斯林（虔誠信奉阿拉的使徒）間相互平等、幫助和團結。目的是通過宗教的道德情誼代替血緣關係，所以很快地就在麥加當地的下層社會傳播開來。

然而此舉卻引發了上層貴族的不滿，因爲麥加地區盛行的是一種多神信仰的傳統宗教，新興的伊斯蘭教的一神信仰，不但牴觸當地的傳統信仰，又拉走了許多信徒，造成傳統信仰的宗教損失（香油錢），甚至加劇上下階層的對立，於是麥加當地的統治階層開始迫害當地的穆斯林。

▼穆罕默德受天使加百列啟示

重返麥加

西元六二二年被稱爲回曆的元年，穆罕默德和他的追隨者被迫遷往麥地那，此舉被穆斯林稱之爲「聖遷」。來自麥加的穆斯林，在麥地那當地造成了糧荒。

於是穆罕默德就採取了一般饑民常用的方法，來解決這一問題；向有糧食的地方去奪取。他委任軍官搶劫過往麥地那的商旅。

一旦搶劫成功，五分之四的掠奪物歸掠劫者享受，其餘則歸先知，作爲宗教及慈善之用；如搶劫者已死亡則歸屬其遺孀，而搶劫者則進入天國樂土。

在這種鼓勵之下，搶劫和搶劫者成倍數增加，於是穆罕默德便用此一方法在麥地那建立了一個政教合一的政權。西元六三〇年，穆罕默德帶領一萬名穆斯林大軍向麥加出發。但雙方沒有打仗，麥加的首領們就宣布投降了，穆罕默德和平解放麥加，奠定了伊斯蘭教在麥加的地位。

《古蘭經》與伊斯蘭教義

《古蘭經》是阿拉傳達的訓示，是所有信徒皆應接受的聖言，天使以阿拉伯語將眞神的聖言傳達給先知，故《古蘭經》須以阿拉伯文解讀。於是阿拉伯文成爲伊斯蘭信仰超越種族及國家界線，且長期維持統一的重要因素。

穆斯林認爲翻譯將使得屬於聖語的阿拉伯文失眞，故回教反對翻譯古蘭經。

《古蘭經》也是阿拉伯世界的法律教義以及生活習慣，可以說是阿拉伯人日常生活的準則。

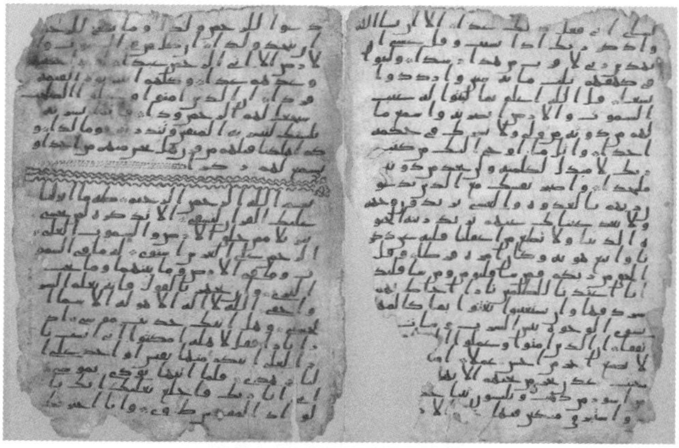

▲一份最古老的伯明罕古蘭經手稿

伊斯蘭教義「五善功」

名稱	內容
唸功	以阿拉伯語唸「清真言」，表白對真主的信仰，才為虔誠的穆斯林。 ▲清真言：「萬物非主，唯有阿拉。穆罕默德為阿拉的使者」。
禱功	（1）即做禮拜，每天必須面朝麥加做五次禮拜。 （2）禮拜時誦讀《古蘭經》首章，禮拜地點沒有限定，禮拜前皆要先做小淨。 （3）聚禮日：每周五的時候，聚集在清真寺做禮拜，禮拜前必須做大淨（洗身）。
齋功（即齋戒）	（1）伊斯蘭教曆的九月為齋戒月。 （2）封齋的穆斯林在天亮後到日落前這段時間不能進食與喝水，不能行房，務必清心寡慾，直到開齋前結束。 （3）又稱天命齋，如有特殊情況而不能封齋者，必須按規定補齋或是以施捨方法取代。
課功	（1）原為教徒自願性救濟貧困的慈善行為，後變為強制性的，進而又發展成一種財產稅，為國家的賦稅。 （2）只要教徒的財產達到一定數量，就必須繳納，用以劫富濟貧、修繕清真寺與政府財政收支等。
朝功	（1）即是在健康與經濟允許下，一生一次必須到麥加朝聖。 （2）朝覲時間：伊斯蘭曆每年舊月的 8、9、10 三天。 （3）哈吉（Hajj）：凡去過朝聖者，便稱為哈吉。

※齋戒的英文怎麼說呢？很多人都會以為是很難的單字，其實它非常容易，是一個大家常見的單字，「FAST」這個字當動詞使用，就是齋戒的意思。

伊斯蘭「聖戰」的向外擴張

穆罕默德去世後，繼承人稱作「哈里發」，哈里發時代對外征戰，使伊斯蘭帝國擴張至阿拉伯半島之外，奠定了阿拉伯帝國疆域的基礎。

哈里發制度與伊斯蘭世界的擴張

阿拉伯帝國的崛起

穆罕默德生前，伊斯蘭教的版圖僅止於阿拉伯半島。穆罕默德過世之後，阿拉伯帝國開始向外擴張，利用東邊波斯的薩珊王朝和西邊拜占庭帝國，長年征戰，以至於兩敗俱傷的機會，趁勢崛起。

阿拉伯人陸續征服西亞、波斯、中亞乃至北非等，東與中國唐帝國接壤，唐朝稱之爲「大食」。但八世紀中葉起，也因爲內部權力爭奪，因此帝國分裂。

哈里發制度

穆罕默德去世後，繼承人稱作「哈里發」，宗教意義爲「先知的代理人」擁有宗教與世俗大權。

由於他們都是透過民主選舉或推舉而產生的，所以繼位獲得了大多數穆斯林的認可，故稱這一時期爲「神權共和時期」。

哈里發時代對外征戰，使伊斯蘭帝國擴張至阿拉伯半島之外，奠定了阿拉伯帝國疆域的基礎。

經濟衰退

西元五七二年至六二八年波斯統治葉門後，另開闢一條從波斯灣和兩河流域到地中海的商道，嚴禁商品通

〈四大哈里發末期繼承人之爭〉

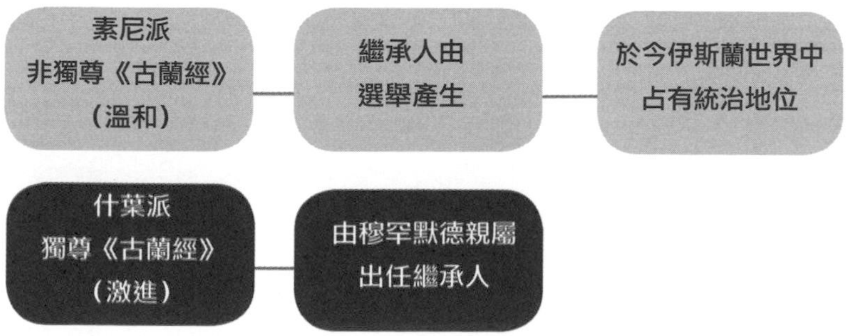

過葉門。商道的改變，使昔日繁榮的阿拉伯各城市，成爲一片荒野。

伊斯蘭世界的分裂

穆罕默德生前因沒有男性子嗣，且穆罕默德的回答並不明確，所以繼承人產生了問題，因此成爲日後伊斯蘭帝國分裂的主因。

到了第四任哈里發阿里執政時期，國家內部的鬥爭和動亂開始產生。以穆阿維葉爲首的奧瑪雅人從根本上改變了正統的哈里發制度，使哈里發政權逐漸變成一種世俗的權力，僅保留在人們觀念中的地位。

政治上的分裂

西元六五六年，第三任哈里發奧斯曼被刺殺後，阿里於麥地那被擁立爲第四任哈里發。由於奧斯曼被暗殺後，意見分歧越見嚴重，加上阿里爲了統合內部所執行的政策，加大了反彈。反對者利用「爲奧斯曼復仇」爲藉口，指責阿里包庇罪犯，以穆罕默德遺孀爲首的反對派便起兵反叛阿里，最後戰爭由阿里獲勝。由於戰爭過程中阿伊莎騎著駱駝號召群眾，因此被稱爲「駱駝之戰」。

第四任哈里發阿里最後也因刺殺身亡，穆阿維亞取得政權建立奧瑪雅王朝，遷都大馬士革。七五〇年，阿拔斯家族推翻奧瑪雅王朝，建立阿拔斯王朝，遷都巴格達，奧瑪雅逃往西班牙，於哥多華重建王朝。

十世紀上半葉，阿里的後裔於埃及開羅建立法提瑪王朝。

▲莫罕默德遺孀阿伊莎騎著駱駝號召群眾

伊斯蘭世界所創立的王朝

王朝	創立者	區域	別稱（中國）
奧瑪雅王朝（661 年）	素尼派支持者	原大馬士革，後遷往西班牙	白衣大食
阿拔斯王朝（749 年）	敘利亞總督 穆阿維亞	首都為巴格達，橫跨歐、亞、非	黑衣大食
法提瑪王朝（十世紀初）	穆罕默德之女 法提瑪的後裔	北非埃及	綠衣大食

伊斯蘭世界宗教上的分裂

派別	素尼派	什葉派
繼承人	由選舉產生	必須是穆罕默德的後裔
職位	為阿拉在世間的代理人（世俗領袖）	（1）稱呼為「伊瑪目」 （2）政教合一的最高領袖
職權	（1）保衛國土以及麥加、麥地那不被侵犯 （2）必要時宣布發動「聖戰」 （3）任命官員（行政、軍事） （4）徵收賦稅，管理公共的財務 （5）執行法律	（1）管理穆斯林 （2）解釋教義與教法 （3）作為精神導師指引人們理解經文的內在含意
《古蘭經》	雖遵從《古蘭經》與《聖訓》，但對於經文中的解釋仍有自己的一套説法。	《古蘭經》是信仰與立法的最高的標準，而聖訓是對《古蘭經》的補充與闡述，地位也不容質疑。
激進派別	此派多溫和的穆斯林，但也有例外，就像眾所周知的 ISIS（伊斯蘭國），就是被激化的素尼派。	激進組織「蓋達組織」即屬於此派。

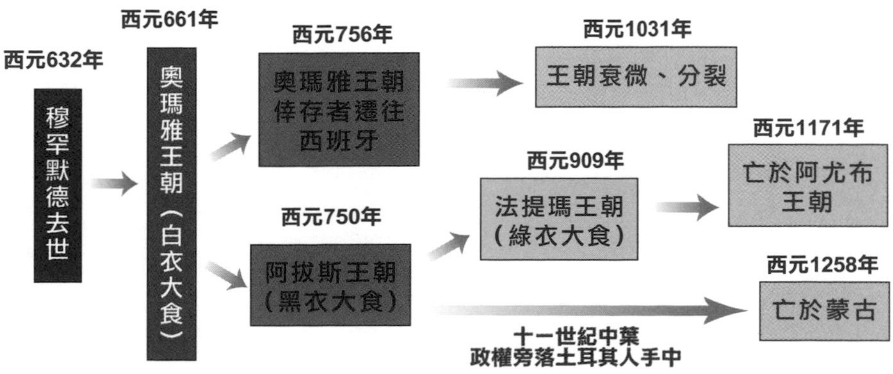

高舉上帝大旗的聖戰：十字軍東征

十一世紀末，承受不住土耳其鐵騎攻擊的拜占庭帝國，向西歐的羅馬教宗求救，教宗號召西歐的騎士們，到東方去擊退異教徒，由此便產生了歷史上著名的十字軍東征。

十字軍東征的背景

十一世紀亞洲阿拔斯王朝境內的塞爾柱土耳其人崛起，架空了阿拔斯王朝哈里發的權力，更進而建立了塞爾柱土耳其帝國。

隨著塞爾柱土耳其人的擴張與壯大，甚至占領基督徒的聖地——耶路撒冷，阻斷基督徒朝聖的路線，並且不斷攻打實力早已大不如前的拜占庭帝國。

此時承受不住土耳其鐵騎強烈攻擊的拜占庭帝國，只好向西歐的羅馬教宗求救，期盼教宗能仗義出手解救拜占庭帝國的危急情勢。

十字軍東征過程

當時的羅馬教宗烏爾班二世，基於收復聖地與解救東方兄弟等兩個檯面上的理由，在一〇九五年號召西歐的騎士們，接受上帝的徵召，到東方去擊退異教徒，搶回聖地耶路撒冷。

由於參加這場戰爭的士兵佩有十字架的標誌，因此這場戰役便被稱為十字軍東征。

就筆者觀察這場戰役，除先前提到

▲配有十字架標誌的士兵

的兩個檯面上的理由，其實還有另外一個理由，就是西方教會希望藉由這場援助東方教會的聖戰，再次與東方教會合併，進而能夠再度掌握到東方教會的教產——也就是香油錢。

一般來說十字軍東征可以分為八次大規模的軍事行動，然而就宗教的角度而言，只有第一次是成功的，其他七次大多都是為了商業利益而戰，之中較為重要的戰役為「第一次十字軍東征」和「第四次十字軍東征」。

「第一次十字軍東征」雖然成功的收復聖地耶路撒冷，但是這次戰事中十字軍屠殺了安提阿和耶路撒冷二城。屠城之舉令穆斯林對日後對基督徒留下永難磨滅的仇恨。

有趣的是，這場戰役的西歐隊伍中，不僅僅包含了作戰的騎士，同時也有大量的西歐平民混雜其中，這群人似乎不是前去與基督教的敵人搏鬥，更像是舉家移民的行動——「他們以牛羊當作馬用，沿途拖著雙輪小車，車上堆著破碎的行李和孩子們，每經過一個堡壘或城鎮，孩子們伸手問道：『這是耶路撒冷嗎？』」

「第四次十字軍東征」最初的目標是進攻埃及，後來卻在威尼斯的誘使之下，為爭奪商業利益，改變軍事計畫，攻占了君士坦丁堡，掠奪並屠殺達一星期之久，拜占庭帝國的大部分土地也被攻克，並建立了拉丁王國。這項舉措不僅讓東西教會的合併希望落空，更讓這場高舉上帝大旗的聖戰，留下了不光彩的歷史評價。

第一騎士團

值得一提的是，在這場聖戰之中，出現了一支大家耳熟能詳的隊伍——「聖殿騎士團」，為十字軍東征期間，著名的三大騎士團之一，全名是「基督和所羅門聖殿的貧苦騎士團」，主要由信奉天主教的法國騎士組成。

其最初駐紮在阿克薩清真寺的一角，該寺位於耶路撒冷聖殿山，傳說是建在所羅門王的神殿之上，因此得其團名。最初只有九名成員，依靠捐助維持。其徽章的雙人騎單馬圖像，象徵著他們的貧困。但這種窮困狀態很快改變了，一一三九年，教宗英諾森二世以教宗詔書授與他們特權地位。聖殿騎士團只對教皇負責，不受國王和地方主教指揮；具有免稅特權，還能在其領地收取十一稅。

十一稅？

十一稅是指猶太教和基督宗教的宗教奉獻。被用來指稱歐洲封建社會時代時，教會向成年教徒徵收的宗教稅。

隨著聖殿騎士團的富有，他們不但發動募捐組團海外朝聖，又從事銀行業與商業以壯大資產，帶給人富甲天下的印象，卻也因此成為其毀滅的原因。

一三〇七年十月十三日星期五，「美男子」法王腓力四世命令各地官員對聖殿騎士團進行整肅行動，僅巴黎一地就逮捕了一百三十八名。

一三一四年，聖殿騎士大團長莫萊在上火刑架之前，詛咒法王腓力四世和教皇克雷芒五世，在一年內面臨永恆的審判。果然教皇克雷芒五世一個月後患病而死，腓力四世半年後在打獵時突然身亡，這就是「黑色星期五的詛咒」。為西方傳說中「黑色星期五」的由來之一。

十字軍東征的影響

政治	因為貴族大量戰死，加速王權的提升。
經濟	十字軍東征恢復東西交流，加速商業復甦與城市興起。 聖殿騎士團收取十一稅的權力，也如同近代向銀行借款，銀行收取利息的習慣，造就銀行業的萌芽。
社會	十字軍東征促成義大利北部一些商業城市的興起，如米蘭、熱內亞、佛羅倫斯等。 而住在這些商業城市中的人們，由於他們不同於以往中古前期，上下階層依附土地生存的農業關係，而是發展商業經濟，因此他們不屬於上層階級的領主身分，也不是下層階級的農奴身分，不上又不下，剛好卡在中間，於是被稱為中產階級
文化	伊斯蘭文化及中國造紙術和印刷術西傳，影響日後文藝復興及宗教改革
地理	東西文化接觸的結果，激起西方人到東方探索的興趣，例如馬可波羅來華的旅遊逸事

來自亞洲的「黃禍」：蒙古西征

為什麼蒙古西征會被稱為「黃禍」，乃因當時蒙古人所到之處，歐亞各國無一能敵，歐洲人認為是上帝降下來的災禍，因此將蒙古人的入侵稱之為黃禍。

對外發動戰爭的原因

當十字軍東征進入尾聲之時，在亞洲的蒙古人也掀起一場震撼歐亞地區的軍事行動——「蒙古西征」。

蒙古人向外擴張的原因很大的一種可能性是來自其自身的宗教信仰，蒙古人信奉薩滿教，認為「長生天」是主宰一切的最高神。凡人的一切都是由「長生天的意志」安排，成吉思汗被看作「長生天的代表」，成吉思汗則認為，統治和征服世界是合乎「長生天的意志」，所以蒙古便展開一系列對外的戰爭。

三次西征建立四大汗國

第一次西征

一二一九年，成吉思汗親率二十萬大軍西征，由他的四個兒子以及大將速不臺、哲別等隨行。

蒙古人長驅直入中亞後，一二二〇年攻占花剌子模都城撒馬爾罕，越過裡海、黑海間的高加索，深入俄羅斯，於一二二三年大敗欽察和俄羅斯的聯軍。

一二二五年，成吉思汗凱旋東歸，將本土及新征服的西域土地分封給四子，後來發展為四大汗國。

第二次西征

一二二七年，成吉思汗死後，三子窩闊台汗繼任大汗。窩闊台汗於一二三五年派遣其兄朮赤之次子拔都，領五十萬大軍再度西征。

由於蒙古各部皆以長子出征，故史稱「長子西征」。這場戰役徹底滅亡了花剌子模，攻陷莫斯科、基輔諸城，並分兵多路向歐洲挺進。其前鋒直趨義大利之威尼斯。正當西方各國惶恐之際，窩闊台忽然駕崩，於是拔都便班師回朝，結束西征。

第三次西征

蒙哥於一二五一年即汗位之後，令其弟旭烈兀率兵西征。

此次西征主要方向是西南亞地區，頭等目標是消滅木剌夷（在裡海南岸的伊朗北部）。並西進至美索不達米亞地區，攻陷巴格達，滅亡歷時五百餘年的阿拔斯帝國（黑衣大食）。

此後旭烈兀又揮兵攻陷伊斯蘭聖地麥加，攻占大馬士革，原本計畫要進一步攻打埃及，因獲蒙哥汗伐宋陣亡之訊，乃結束西征行動。

蒙古人所向無敵的原因

騎射定天下

蒙古人三歲能騎馬，四歲能拉弓，除了騎術了得，行動迅速之外，射箭的準度，精準無比，即使你躲在牆垛後面，只露出半個頭，他一樣能讓你直接爆頭。

此外，當西方騎士仍使用十字弓之時，蒙古人所使用的角弓，不但射程

▲所向無敵的蒙古士兵

遠，殺傷力強。他們將箭袋置於腰後或大腿外側，一手順勢抽起三支箭，便可連發三箭。

再者，西方騎士排成鐵甲方陣正面衝鋒，近距離作戰，破壞力極強，但是蒙古人卻能保持一定的距離不斷對你放箭，弄到你精神崩潰為止。

火藥攻城無堅不摧

西方各國的城堡固若金湯，強大的騎兵也是無能為力，儘管他們在野戰中所向無敵。但蒙古人從中國戰場上學到了步兵攻堅的本領，並且學會了運用漢族新的發明的火藥和投石機。面對攻城作戰依然可以無堅不摧。

馬匹的數量

一般中國北方的草原民族，都配有三匹馬，平時移動使用走馬，背負行李使用馱馬，大戰衝鋒使用戰馬，所以打仗時能保持馬匹最佳狀態；然而西歐騎士本身僅配備一匹馬，還要揹負身著重達七十三公斤裝備的騎士，行動速度與爆發力也大幅下降。由於蒙古騎兵的弓箭無法穿透敵人的盔甲，他們就改射敵人的坐騎，掉下馬的騎士由於盔甲沉重無法翻身，只能任憑宰割。

生化武器的應用

因某些城堡地勢較高，投石機發射火砲無法起太大的作用，蒙古人便向城內投擲重量較輕，且染上瘟疫的死者屍體，讓被攻擊的堡壘之內，傳染病大肆蔓延，最後再攻破城池，此舉可謂是古代的生化作戰。

蒙古西征的影響

蒙古西征的最大影響便是透過東方文化的西傳，改變了歐洲中古時期的社會型態。

傳入火藥：火藥破壞歐洲封建諸侯的堡壘，導致封建制度的破壞，也改變了歐洲日後的戰爭型態。

傳入紙幣：促進歐洲經濟的流通，帶動歐洲的商業復興及發展。

傳入印刷術：印刷術普及了歐洲的教育，帶動歐洲中古後期大學的出現。

傳入羅盤：蒙古西征的過程中，阿拉伯人將羅盤傳入歐洲，影響日後的地理大發現。

傳入老鼠：先前提過蒙古人的生化武器——染上瘟疫的死者屍體，隨著蒙古西征被帶到了西方，老鼠啃食這些屍體，便成為瘟疫傳播的媒介，造成西方黑死病（鼠疫）的蔓延。

黑死病造成歐洲三分之一人口死亡，導致莊園制度崩潰，並衝擊基督教會的聲望，而教會把疫情的蔓延歸咎於女巫的施法，使得之後歐洲展開長達兩百年的「獵殺女巫行動」。

歐洲文明的再生：文藝復興時期

文藝復興運動可視為是一個從中古走向近代的過渡期，簡單說就是歐洲的歷史重心，開始從神本文化轉向人本文化，於是乎便誕生出了人文主義。

什麼是文藝復興？

文藝復興肇始於十四世紀的初期，十四、十五世紀在義大利北部的佛羅倫斯等大都市傳開。

因為在十字軍東征期間，西歐的騎士都是由義大利北部的各大城市出發，搭船前往亞洲作戰，所以這個地方最早展開商業的復興與城市的興起。

由於商旅雲集，這些有錢的富商有充裕的資金投資文藝活動，因此義大利的北部就成為了文藝復興運動的發祥地。

文藝復興運動可視為是一個從中古走向近代的過渡期。過去在中古時期的歐洲人，由於在物質生活中得不到滿足，所以只能將精神寄託在宗教之上。

但在進入中古後期，因十字軍東征恢復東西世界的交流，改善了歐洲人的經濟條件。再加上蒙古西征造成黑死病的蔓延，也衝擊基督教會的聲望。歐洲人逐漸擺脫中古時代「唯神至上」的迷信思想，開始將人生的目標轉移到對現實人生的關注。

簡單說就是歐洲的歷史重心，開始從神本文化轉向人本文化，於是乎便誕生出文藝復興的核心精神——人文主義。

人文運動的興起

人文主義的精神

引用人文主義之父佩脫拉克的名言：「屬於人的那種光榮對我就夠了。我自己只是個凡人，所以我只追求凡人的幸福。」這句話明白指出文藝復興時期的人文主義，就是要擺脫中古時期的「神本思維」，回歸希臘和羅馬的人文精神，肯定人的地位和價值，這種「人文主義」改變西方人的人生觀與宇宙觀。

教育內容

人文主義的教育精神主張「自由教

育」，並且認為人生的目的就是要追求完美的人格，唯有廣泛的學習，才能豐富我們的人生。

因此這個時期的教育訴求，強調的是兼重知識、人格、體能的完美，是一種「全人」（通才）教育，例如文藝復興時期的知名藝術家達文西，除了是一名畫家之外，還是雕刻家、建築師、工程師、發明家、解剖學家、植物學家……等。

▲通才的達文西

復古爲創新的精神

文藝復興時期，學者們不再鑽研中古時代的神學文化，透過蒐集考證及閱讀古希羅文獻的方式，試圖找回以「人」為主思想文化，希望在古希臘羅馬的古典文明基礎上創造新的文化生命。

文藝復興時期的文化表現

「文藝復興」一詞的英文叫做「Renaissance」，是指「重生」以及「再生」的意思。也就是在古典文明基礎上創造新的文化生命。

在繪畫雕刻方面：學習古希臘、羅馬的藝術，注重和諧、均衡與調和的古典風格。使用油畫原料，用明暗對比法和透視法作畫，作品呈現活潑、真實與立體感，主題不再限於嚴肅的宗教題材。

在文學創作方面：文藝復興時期的人認為要用自己的語言來說自己的故事，因此各國作家皆以其母語進行創作，帶動方言文學的興起，更在無形中培養了各民族的民族意識。

基督教人文主義

十五世紀中葉以後，文藝復興運動向歐洲北部擴散，北方文藝復興有濃厚的宗教氣氛，因此發展出「基督教人文主義」。

人文學者結合學術與宗教，根據學術的發現擬定社會與宗教改革方案。荷蘭學者伊斯默斯提出基督徒應學習耶穌奉持一種簡樸、道德的宗教生活。主張回復到簡樸的使徒時代。此種精神成為日後宗教改革的主要思想淵源（「因信得救」的主張）。

文藝復興時代的代表

類別	代表人物及其作品特色	
繪畫雕刻	喬托	第一個在平面藝術上表現立體感的藝術家。
	達文西	其畫作《蒙娜麗莎的微笑》，深刻描繪人的內心活動。
	拉斐爾	用世俗母親的形象畫了很多聖母像。
	米開朗基羅	繪畫與雕刻表現力與美的寫實風格。
文學創作	但丁	用義大利母語創作《神曲》。
	佩脫拉克	被譽為桂冠詩人、人文主義之父，用義大利母語創作十四行詩。
	薄伽丘	用義大利母語創作《十日談》。
	塞凡提斯	用母語西班牙文創作《唐吉訶德傳》。
	莎士比亞	戲劇。

達文西的《蒙娜麗莎的微笑》

這幅傳世巨作其實不是畫在紙上，而是畫在白楊木畫板上，而畫中的女主角確有其人，蒙娜在義大利語為 Madonna，簡稱 Mona，相當於英語中的「Madam」，中文翻譯為「我的女士」。所以，蒙娜麗莎的意思其實是「麗莎夫人」之意。

拉斐爾的《聖母像》

畫中的聖母手抱著嬰兒時期的耶穌，而耶穌則手執十字架形狀的紡錘。表現出母愛的光輝，擺脫過去中古時代聖母嚴肅的形象，表現出人性的特色。

薄伽丘的《十日談》

對於現實生活的描寫、愛情的稱揚、商人的智慧和才幹之外，同時揭露諷刺當時的帝王、貴族、教會等等勢力的黑暗面，表現出挑戰宗教權威及刻畫人性真實面的著作。

賽凡提斯的《唐吉訶德傳》

《唐吉訶德》在書籍中對於當時社會的貴族、僧侶及封建領主，進行尖銳且無情的批評，小說也被譽為「行將滅亡的騎士階級的史詩，一部偉大的現實主義文學名著」。值得一提的是，《唐吉訶德》的主人翁其實叫吉訶德，其中唐這個字是指西班牙文 DON，先生的意思，所以《唐吉訶德傳》應該稱為《吉訶德先生傳》。

被印第安人發現的哥倫布

十五世紀，西方經過地中海通往亞洲的貿易路線，受到鄂圖曼土耳其的封鎖與入侵，西方急迫地需要找到一條通往東方的新商路。自此文明發展的中心便由地中海世界轉向大西洋沿岸。

海上與陸上絲路

十字軍運動展開之後，歐洲人對東方商品——胡椒、丁香、肉桂等香料以及中國的絲綢、瓷器等物品需求大增。

自古以來，西方便有著兩條通向東方的貿易路線：其一是「海上絲路」，始於埃及和伊拉克；其二則是「陸上絲綢之路」。

海上絲路是利用季風的特點：在每年的四月到六月間，船隻從蘇伊士或巴斯拉出發，分別經由紅海或波斯灣進入阿拉伯海，再順著從海洋吹向大陸的西南季風航往印度洋和中國海。大約在六個月後，吹向海洋的東北季風又會將航船帶回其出發地。

而陸上絲綢之路的路線，則是從地中海東岸與黑海沿岸出發，經過裡海南部進入亞洲並穿過巴格達到達鹹海附近之後。從中亞的布哈拉，開始分路前往印度的德里與阿格拉。往北通向阿拉木圖，往東穿越中亞，並沿崑崙山脈或天山山脈行進抵達中國城市長安。

十五世紀，這條經過地中海通往亞洲的貿易路線，受到鄂圖曼土耳其的封鎖與入侵，西方人急迫地需要找到一條通往東方的新商路。自此文明發展的中心便由地中海世界轉向大西洋沿岸。

葡萄牙的海外探險

海外探險的起源

西元八世紀起，歐洲的伊比利半島長時間受到伊斯蘭政權奧瑪雅王朝的統治，十一世紀末伴隨著十字軍運動的興起，部分基督教騎士南下伊比利半島，展開收復失地的復國運動。

然而這些基督教國家已與穆斯林國家作戰多年，半島上的基督教國家急需尋覓海外盟國來反擊當地的伊斯蘭勢力，打破伊斯蘭教的封鎖力量。加上此時正是歐洲各國尋找東方新商路的熱潮階段，因此伊比利半島上的基督教國家開始投入海外探險的工作。

航海研究所

葡萄牙亨利親王於一四一八年在塞格勒斯成立了「航海研究所」。他不惜鉅資招聘優秀的航海技術人員、製圖家以及打造船具的工人們進行研究，並同時培育出許多航海家。他又設立天文臺，進行製作太陽赤緯的正確圖表供地圖學者研究；在造船技術方面，更製造出可逆風航行的新型船艦等。

他每年均派遣探險船隊出航，終於在一四三四年，完成了到玻加多爾海角的周遊航行。在這二十年內，葡萄牙用武力取得了撒哈拉地區的控制權，並開始在現今的塞內加爾地區進行黃金與奴隸貿易。

通往印度的新航線

在不斷發現金礦的同時，一四八七年是一個重要的轉折點，葡萄牙航海家狄亞士受葡萄牙國王亨利二世委託出發尋找非洲大陸的最南端。

他率三艘船隻從里斯本出發，沿著西非海岸南下，而在南緯二十九度遭遇暴風漂流十三日，最後在一四八八年二月三日進入非洲南端的莫塞爾灣。發現了非洲最南端的厄加勒斯角與西南端的風暴角，而後風暴角被若昂二世改名為好望角。這意味著進入印度洋的航線已被發現。

一四九八年，葡萄牙探險家達伽馬藉由一位熟悉西印度洋季風規律的伊斯蘭教徒領航員之助，發現了通往印度的新航線，使得陸上絲綢之路不再是通往東方市場的唯一途徑。

西班牙的急起直追和新大陸的發現

西班牙聯合王國的組成

正當葡萄牙如火如荼地在海外擴張殖民地的同時，同樣位於伊比利半島上的西班牙聯合王國才開始投入這場海外競逐的活動。

一四六九年卡斯提爾王國的伊莎貝拉一世與亞拉岡王國的斐迪南二世在巴利亞多利德成婚，將兩個王國的家族合而為一，組成西班牙聯合王國。

一四九二年西班牙聯合王國的軍隊攻下摩爾人在伊比利半島的最後據點格拉納達，完成數世紀以來的收復失地運動。同年，伊莎貝拉女王開始贊助哥倫布的海外探險。

哥倫布的探險

哥倫布離開西班牙後，開始了長達五週的橫渡大西洋的航程。這一路上非常順利，沒有遇到風暴，信風的幫助也使得他們航行很快，從九月九日到十八日就西行了一一六三海里。

因為行駛在未知的海域和前所未有漫長的不間斷航海，快到達美洲的時候，船上人心浮動。為了穩定船員的情緒，哥倫布一直有真、假兩個航行里程記錄。假的那個告訴船員們的記錄上記載的里程數要短些。但因為他在真記錄中有計算錯誤，最後他的假數字反而比真數字更符合實際。

終於在一四九二年十月十二日星期五清晨兩點鐘，「平塔」號上的一個水手——貝爾梅奧第一個看到了陸地。不久之後，平塔號的船長馬丁・阿隆索確認了這個發現，並鳴炮通知了哥倫布。

但哥倫布為了將第一個發現大陸的人的獎金據為己有，在回到西班牙後，堅稱自己是第一個發現者，所以我們才會說是「哥倫布發現新大陸」。

新大陸的命名

但是哥倫布從不承認他當時到達了世人未知的新大陸，而是來到出發前的目標——東印度群島。他將這個大陸上的居民叫做「印第安人（indios，西班牙語的印度人）」。

一四九九到一五〇四年間，為西班牙國王效勞的義大利人亞美利哥・維斯普西考察了南美洲東北沿海地區，認為這裡不是印度，而是一塊新大陸。後人將這塊大陸以他的名字命名為亞美利加洲（America）。

▶哥倫布一行終於看到陸地

哥倫布的航海帶來了第一次歐洲與美洲的持續接觸，並且開闢了後來延續幾個世紀的海外探險和殖民的大航海時代。因此一直以來，哥倫布被當做一種無畏探索未知世界的精神象徵。但是對於美洲原住民和其他地區的被殖民者而言，哥倫布的到來意味著對美洲原住民野蠻和殘酷大掠殺的開始。這也就是為何筆者要將坊間一般認知的「哥倫布發現新大陸」的定義，改成為「被印第安人發現的哥倫布」的原因。

槍砲、鋼鐵和細菌：美洲的古文明浩劫

中南美洲有馬雅、阿茲提克、印加三大古老文明。然而這三大古文明都在十六世紀遭到西班牙侵略者的槍砲、鋼鐵和細菌給毀滅。

古老帝國的滅絕

自從一四九二年航海家哥倫布發現美洲大陸以來，西班牙的殖民勢力開始進入中南美洲，也進一步的揭開這塊新大陸的神秘面紗。

這個地區有馬雅、阿茲提克、印加三大古老文明。然而這三大古文明都在十六世紀遭到西班牙侵略者毀滅，西班牙的殖民者是如何以寡擊眾，毀滅這三個古老的帝國呢？靠的就是西班牙人的槍砲、鋼鐵和細菌。

馬雅古文明的衰落

關於馬雅古文明的滅絕，有兩種說法。

第一種說法是**資源耗竭說**。

馬雅文明雖然是城市文明，卻建立在玉米農業的根基之上。馬雅農民採用極原始的「火耕」種植：他們先把樹木統統砍光，過一段時間乾燥以後，在雨季到來之前放火焚毀，以草木灰作肥料，覆蓋住貧瘠的雨林土壤。燒一次種一次，其後要休耕三到六年，待草木長得比較茂盛之後再燒再種。

當文明繁盛、人口大增時，大量地毀林開荒，雨季來臨時，雨水便容易沖走肥沃的土壤，導致玉米產量越來越少。

面臨著生態環境惡化，生活資源枯竭的嚴重問題，社會狀況一落千丈。再加上神權治國的體制下，馬雅王族和祭司將這種種「衰敗之象」都歸結為神的不滿。他們更頻繁地祭祀，在各地建神廟，期盼能借神力扭轉乾坤。當然，此一作為，無疑的只是雪上加霜。當城市周圍貧瘠的荒地連成一片，饑餓就迫使馬雅人棄城而去了。

另一種說法是**疾病傳染說**。

一五二三年末，西班牙征服者柯提斯命其部將阿瓦拉多征服馬雅城邦，並建立瓜地馬拉城，治理安地瓜，開始殖民馬雅地區。

西班牙人所帶來的天花和霍亂等外來疾病也在未來一百年內使百分之九十的馬雅人死亡（馬雅人沒有對抗疾病的抗體）。

中南美洲三大古老文明

	馬雅文明	阿茲提克文明	印加文明
地理位置	中美洲猶加敦半島	墨西哥高原	南美洲安地斯山脈
政治形態	獨立城邦	部落軍事聯盟	一統的大帝國
經濟發展	①在高地闢梯田，在窪地築台田，生產玉米、薯類 ②遠距貿易，各城邦間有貿易的往來	①在湖畔造田，生產玉米等作物 ②手工藝業發達 ③有集市貿易與遠距貿易	①開闢梯田，興修水利，懂得施肥 ②冶煉金銀銅錫等金屬，尚未使用鐵器 ③修築全國公路網
宗教信仰	崇拜自然現象，信仰多神，以活人獻祭	崇拜多神，氏族、部落、行業各有神祇，以活俘虜獻祭	自然崇拜，以活人獻祭
文化成就	①文字：「意音文字」 ②曆法：太陽曆 ③數學：使用「零」的符號與二十進位法 ④建築：巨型階梯式金字塔，頂上有神廟	製造精美的手工藝品，如製羽業、首飾業、石雕業、製陶業等	①建築：太陽神廟 ②曆法：一年分 12 個月，每月 30 天，每月有三旬，每旬十天 ③文字：以結繩和顏色作符號
衰亡	十世紀後崩解，文物於十六世紀被西班牙摧毀	十六世紀被西班牙征服	十六世紀被西班牙所征服

而許多馬雅文獻因被認定違反天主教信仰，而被西班牙的天主教傳教士與神父銷毀，以至於喪失了許多可以解讀馬雅文明的寶貴資料。

阿茲提克古文明的滅亡

一五一九年初，柯提斯領導的探險隊，由五百零八名士兵、十六匹戰馬、幾隻狗以及幾門大砲組成，輕而易舉地就征服了這個古老帝國，而柯提斯能以寡敵眾的原因包括：

挑起族群衝突的離間手法：柯提斯聯合外地的印第安人，加上利用帝國內彼此內鬥的勢力，攻擊握有帝國核心勢力的塔諾奇提蘭人。

關於羽蛇神的傳說：誤認柯提斯為預言中白皮膚的神明歸返，以貴賓之禮相待，使得國王蒙特祖馬二世掉以輕心，輕易遭俘虜控制。

瘟疫的流傳：據說柯提斯在包圍帝國首都時，將沾有天花病毒的毛毯送予城內的印第安人，瘟疫便開始於城內流行，不僅造成印第安人的人數減少，也加深了印第安人對西班牙人的敬畏。

武器裝備的差異：鎧甲的優勢防禦與火藥的使用，使印第安人遭致極大威脅。

▲西班牙人將沾有病毒的毛毯給予印第安人

馬匹的使用：據說當時墨西哥的印第安人還不知道家畜是什麼東西。西班牙船隊登陸後，正如傳言，印第安人從來沒有見過馬這種「可怕的牲畜」，甚至認為這個眼前的怪物，是一種長著六隻腳，上半身是人形的奇怪生物，所以一見到騎兵就落荒而逃。

印加古文明的滅亡

一五三一年，皮薩洛帶領一百八十名士兵與二十七隻馬匹的遠征軍，欲征服當時的印加帝國，何以皮薩洛能夠用比柯提斯更少的人數，來征服比阿茲特克國力更為強盛的印加帝國呢？

帝國內戰，消耗元氣：西班牙入侵前印加國王瓦伊納・卡帕克，將印加帝國的版圖擴張最盛，但因擴張地區太廣，涉及部落太多，以致各部勢力蠢蠢欲動。而瓦伊納忽然去世，其兩子開始王位的爭奪戰，帝國分為兩派勢力，結果內戰爆發，導致帝國的元氣大傷。

武器的優勢：皮薩洛先進的武器與馬匹，使得印加帝國毫無招架之力，傷亡慘重。

王位爭奪的內鬨：西班牙軍隊聯合其他部落及反帝國叛軍勢力，逐一瓦解印加帝國的力量。

印加國王遭處死：一五三二年皮薩洛派遣埃爾南多·德·索托到達庫斯科城，欲招降剛打贏內戰的印加國王阿塔瓦爾帕。皮薩羅在談判破裂後攻擊印加軍，將印加王俘虜，其手下的十二名護衛也被處決，此為卡哈馬卡戰役。皮薩洛要求印加人民交付可以填滿一整個房間的黃金，和填滿兩間屋子的白銀。來贖回他們的國王阿塔瓦爾帕。印加人民交了贖金，皮薩洛卻欺騙了他們，拒絕釋放阿塔瓦爾帕，不久之後，以陰謀殺害自己兄弟和反對皮薩洛一行的罪名，阿塔瓦爾帕遭到處決，此一舉動導致帝國機能瞬間停擺。

美洲發現後的影響

印第安人人口銳減

歐洲人帶入的疾病，如天花、霍亂、白喉等，對原本未有抗體的印第安人造成毀滅性滅絕，此原因為印第安人人口銳減最主要的因素，以墨西哥為例，人口由原先的一千萬銳減至兩百萬，其他地區更甚者減少了百分之九十的人口。

貴金屬的掠奪

美洲發現後，西班牙征服墨西哥和秘魯等地，大肆開採的貴金屬流回歐洲，通貨乃由稀少轉為過剩，因此物價乃急遽上升，造成西方的「物價革命」。

世界物產的交流

歐洲人把馬、牛、豬、羊等牲畜與麥類、蘋果介紹到美洲，同時也帶回新的品種玉米、甘藷、馬鈴薯。

不過有一些作物不適宜在歐洲種植（例如：菸草、可可），故乃留在當地生產，待成熟後再運回歐洲販售。雙方的交流發生了相當的作用，一些作物後來傳播到非洲、亞洲，成為當地重要的糧食。

黑奴的悲歌

帝國主義者將非洲人當成廉價勞動力提供給美洲大陸，而主要的來源為非洲西部和中部。

非洲黑人被歐洲人透過貿易或襲擊、綁架等手段抓獲販往美洲大陸。出發前奴隸販子將選中的奴隸，用火紅的烙鐵在他們身體烙上標誌表明隸屬，然後裝上販奴船。

運送過程中，販奴船的艙板之間高度最低的不到五十公分，空間擁擠、潮濕，空氣污濁，經常出現傳染病。患傳染病的奴隸往往被投入海裡，活活淹死，宛如人間煉獄。

民族國家的發展：英法百年戰爭

英國原為法國諾曼第公爵征服而來，英國國王也因此成為法國之諸侯。十四到十五世紀，英法兩國發生「百年戰爭」，自此之後英法兩國各自走上獨立發展的道路。

征服者威廉

西元八世紀末期，斯堪地那維亞半島的北歐維京海盜開始侵略法國的沿海地區。

西法蘭克的國王查理三世以協助抵禦其他海盜為條件，於西元九一一年，同意維京人領袖洛羅及其族人定居在英吉利海峽沿岸一塊肥沃的土地上，並封洛羅為公爵。由於維京人又稱為諾曼人，這塊土地稱為諾曼第（意思為諾曼人的封土）。

維京人在此建立了諾曼第公國，停止海盜行為，並改奉天主教及接受法國文化，從此法國沿岸不再受到維京海盜的攻擊，但諾曼第公國卻在法國境內割據一方。一〇六六年，諾曼第公爵征服者威廉，渡海征服英格蘭。其後一百五十年內，說法語的諾曼第公爵同時為英格蘭王，統治英格蘭和諾曼第兩塊地方。此外，歷任的英國國王也都成為法國國王的諸侯。

英法百年戰爭的原因

西元一三三七到一四五三年，英法兩國發生長達將近一百年的戰爭，史稱「百年戰爭」。這場戰爭有其複雜起因，包括王位繼承問題、領土爭端以及對法蘭德斯的爭奪等。

王位繼承問題

一三二八年，法王查理四世過世，卡佩王朝絕嗣。法國三級會議推舉華洛亞家族的腓力繼位，是為腓力六世，開啟了華洛亞王朝。

英王愛德華三世之母伊莎貝拉是查理四世之妹，愛德華三世是查理四世的外甥，同樣有繼承法國王位的資格，但法國的《薩利克法典》規定不可由女系後代繼承，因此愛德華喪失繼承資格。愛德華三世不甘失敗，仍堅持對法國王位的繼承權，終於引發了百年戰爭。

英法領土紛爭

英國的諾曼王朝和安茹王朝（即金

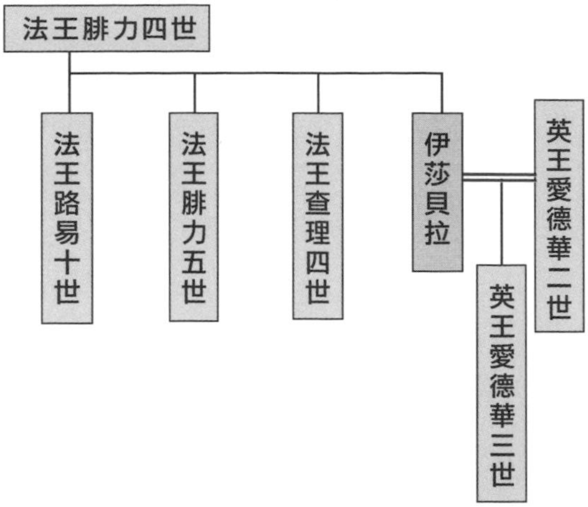

▶愛德華三世是法王腓力四世的外孫，這位腓力四世就是在十三號星期五對聖殿騎士團進行整肅行動的「美男子」腓力四世。

雀花王朝）都由法國封建主創立，因此英王室在法國有大片領地。後來一些領地相繼被法王收回，但這時南部的阿基坦和加斯科尼仍在英國手中，於是英國想擴大領土，法國想完成統一，產生了糾紛。

爭奪法蘭德斯

十一世紀的時候，法蘭德斯發展成歐洲最富有的地區，開始了它的黃金時代。他們從英國進口羊毛，紡成面料賣給歐洲大陸，繁榮的紡織貿易，使法蘭德斯成為當時非常富有的城市，於是此地便成為各封建領主垂涎的一塊瑰寶。

法蘭德斯一向為法王臣屬，腓力六世又在當地建立起直接統治。當地紡織用羊毛一向來自英國，羊毛輸出是英國重要財源，所以英王也想控制法蘭德斯。

愛德華三世下令禁止羊毛出口，以對法國施加壓力，腓力六世則下令沒收英王在法國的領地。兩國關係日益惡化，最終在一三三七年互相宣戰而爆發戰爭。

戰爭過程

戰爭爆發之後，神聖羅馬帝國的諸侯和法蘭德斯等站在英國陣營，而蘇格蘭和羅馬教廷則是支持法國。

英軍當時使用的是雇傭兵制度，由步兵、弓箭兵和雇傭騎兵組成，統一由國王親自指揮，而法軍則是由封建騎士所組成，指揮系統混亂，諸侯們各自為政。

加上英國將火藥應用於戰場上，法國騎士的封建堡壘遭到徹底地摧毀，所以英軍一開始勢如破竹，占領了法國大片的土地。百年戰爭依照局勢的變化，大致可分為下表四個階段。

●英法百年戰爭的四個階段

階段	年代（西元）	大事
一	1337-1360	法國陸軍大敗，英國又奪得制海權。法國被迫於 1360 年與英國簽訂和約，割讓領土。
二	1369-1380	法王查理五世重整軍備，逐步收回失去的領地，英國只好與法國議和。
三	1415-1424	法國內部動亂頻生，英王亨利五世趁機反攻。1415 年，英軍在亞金科特戰役中大敗法軍，法國被迫於 1420 年 5 月簽訂和約，成為英國屬國。
四	1424-1453	法國各地都有反英的游擊戰，1429 年，貞德率領民眾收復奧爾良，此後英軍接連失利，1453 年終於撤出法國。

其中最值得探討的就是第四階段，關於法國的民族女英雄——「聖女貞德」的故事。

貞德原是一位法國農村少女，她聲稱在十六歲時的一天，在村後的大樹下遇見天使聖彌額爾、聖瑪嘉烈和聖凱瑟琳，從而得到「神的啟示」，要求她帶兵反抗英國人並收復法國的失地。

貞德於一四二九年會晤查理七世，獲得數千軍隊供她使喚。並解救奧爾良之圍，在她的領導下將北部淪陷的城市一一收復。

然而聖女貞德於一四三〇年在一次戰役中，為勃艮第公國所俘，不久為英國人以重金買走，英國當局以異端和女巫罪判處她火刑，於一四三一年五月三十日在法國魯昂當眾處死。

貞德死後，法人民族意識更加昂揚，經過二十年的奮戰，終於在一四五三年將英人逐出法境。自此之後英法兩國各自走上獨立發展的道路。

「聖女貞德」的神聖性

貞德是否如傳說中的那樣神奇？是否真的是帶著上帝的使命來拯救法國呢？

其實後代許多學者認為貞德所看到的神蹟，只是由心理疾病造成的幻覺。大多數的學者都認為貞德只是一個名義上的精神領袖，而不是有真實才幹的領導人。

知名法國導演——盧貝松，在一九九九年拍了一部電影《聖女貞德》，也在劇中刻意呈現出此種可能性。也許真的就是這樣一個歷史的巧合，讓一位患有精神病的農村少女貞德，遇上了一位落難的法國王儲，加上當時歐洲人對基督教虔誠的信仰，以及士氣跌落谷底的法軍，急需一個能夠鼓舞民心的精神力量，於是便造就了神話一般的聖女貞德。

另外值得留意的是，黑死病仍然在歐洲持續地蔓延，因此當人們同時面對死亡的恐懼與不安，對宗教信仰與依賴將更為加深。

因此，貞德的出現不僅是對法軍士氣的提升，更是對英軍帶來心理的恐懼，畢竟以當時的氛圍，沒有人敢輕易挑戰一支上帝所欽點的軍隊，就現代理性的角度來分析，這場戰爭就是由一位患有精神分裂症的少女，帶領法軍反敗為勝了。

▲帶領法國反敗為勝的聖女貞德

英法百年戰爭的影響

封建制度的崩潰

戰爭末期，人民團結於法王身旁，使得國王有機會削弱貴族，有助於王權的發展，加上貴族的大量戰死，更有助於王權的集中。因此，戰後的英法兩國，在經歷了一段內部的政治紛爭後，也建立起中央集權的君主專制國家。

戰爭型態的改變

長弓箭及火藥和火砲的使用，改變了過去歐洲以重裝騎兵為主體的作戰模式，改變以輕裝的步兵和砲兵為主體的新軍隊，同時也改良出新的輕型護甲，增加士兵作戰時的靈活度。

馬丁路德開響宗教改革的第一槍

在基督教思想籠罩之下的中古歐洲，人民心中的理想，便是希望死後能夠進入天堂。但教會卻用此做為教會斂財的手段，發行贖罪券。最終導致了宗教改革的風潮。

宗教改革的背景

宗教生活形式化

「因功得救」的觀念普遍深植歐洲人心，中古時代的歐洲，人民生活困苦，在基督教思想壟罩之下的社會，人民心中的理想，便是希望死後能夠進入天堂。

要如何進入天主的國度呢？

在中古時代產生了一種量化的方式，就是個人對教會的貢獻多寡，成為了死後能否得救的判別標準，因此教會便利用此種社會風氣，做為教會斂財的手段。

教會腐化

隨著工商業的發展，教會也坐擁龐大的教產，這樣的富裕使神職人員的道德鬆懈，教會中的醜聞不斷的發生。

各國君主的支持

各國君主覬覦教會的龐大教產，欲介入教會的運作，以達到控制教會財產的目的，因此便支持宗教改革的活動，藉此禁止教廷徵稅和充公教產。

黑死病衝擊教會的地位

黑死病爆發之後，教會解釋這是「上帝對人間罪人的懲罰」，懲罰世人對上帝信仰的不堅定，但是當瘟疫爆發時，不管是富人還是窮人，男人還是女人，一般人或是傳教士，在疾病面前似乎一律平等，無一倖免。因此，教會失去穩定社會人心的功能，在歐洲人心目中的地位一落千丈。

「基督教人文主義」的興起

文藝運動擴散到阿爾卑斯山以北的地區之後，北方宗教氛圍較為濃厚，古典文化接觸較少，於是人文主義便與當地尊教結合，產生出「基督教人文主義」。

荷蘭學者伊拉斯謨，校訂了從東歐傳到義大利的希臘文原文聖經，並出版了《新約聖經》。

馬丁路德研究希臘文聖經，認識到聖經裡面講的是「因信得救」，而不是拉丁文翻譯的「因功得救」，於是產生改革的念頭。

因信得救

每個人都可以憑著自己虔誠信仰上帝的信念，在世界末日來臨時，得到上帝的拯救，而非必須透過對教會的捐獻，來換取上天堂的門票。

宗教改革的導火線：贖罪券

贖罪券的出售其實在十一世紀十字軍時就已經開始，讓信徒能以金錢的捐獻贖買將來在煉獄的苦刑，還可以給已經死去的人代購贖罪券。一句俗語說「銀幣叮噹落進箱底，靈魂雀躍跳出煉獄」，所以贖罪券在那個時代成為教廷的重要經濟來源。

西元一五一七年，羅馬教廷到日耳曼地區出售贖罪券，其原因有二：一是教廷需要經費來修繕聖彼得大教堂。二是阿爾布特主教為了當選美因茨的樞機主教，向富格爾家族借了很多債，以奉獻的名義變相賄絡教皇。教廷授權阿爾布特在他的屬地出售贖罪券，所得由雙方平分，但對外宣傳只稱是修建聖彼得教堂。這次出售的贖罪券很特別，為了增加銷售量，刻意誇大贖罪券功能，購買此次的贖罪券可以赦免此生所有罪過，這種大無敵的贖罪券是前所未見的，立刻轟動各地。

出售贖罪券伴隨著很大規模的「促銷活動」，有專門的出售特使到各地去，舉辦遊行、演講，一時間搞得轟轟烈烈。

馬丁路德對於誇大贖罪券功能的行為感到不妥，在一五一七年十月三十一日，在當地教會的門上貼出布告《九十五條論綱》。

他列出反對贖罪券的九十五條論點，九十五條是以拉丁文寫成的，本意是徵求學術的辯論。但有人將它翻譯成德文，以剛剛盛行起來的印刷術印刷發行，傳遍德意志和整個歐洲。

▲發動宗教改革的馬丁路德

一般認為這是宗教改革運動的開始。一五二〇年六月十五日，教宗發表詔書，下令焚燒路德的一切書籍，命令路德在六十天內撤銷他的四十一項言論，不然他將被革除教籍，路德不從。於是一五二一年一月三日，教皇發布詔書，路德被革除教籍。

新教派的成立與舊教的改革

馬丁路德開響宗教改革的第一槍後，各地紛紛湧現新教派，其中較值得注意的包括路德教派、英國國教派、喀爾文教派、茲文里教派等。而天主教會為了對應宗教改革也進行了改革的措施。

●宗教改革後的新教派

教派	路德教派	英國國教派	喀爾文教派	茲文里教派
領導者	馬丁路德	亨利八世	喀爾文	茲文里
起源	1517 年在維騰堡教堂張貼《九十五條論綱》，痛批誇大贖罪券功能。	1536 年因婚姻問題與教廷決裂。	1. 受馬丁路德啟發。 2. 1540 年日內瓦的教會改革。	受馬丁路德啟發
神學理論	1. 因信稱義 2. 聖經權威	立法讓英王成為教會領袖，保留教士制度。	接受舊約的上帝觀，強調戒律的威權。實施教會自治，組成「長老會」主持教會事務。	主張更儉樸的崇拜方式
擴展	1. 獲得日耳曼北部地區王侯支持。 2. 傳布到丹麥與瑞典等北歐國家。	以英國統治區域為主。	1. 傳到法國稱作休京拉派 2. 在荷蘭建立「改革教會」 3. 在蘇格蘭，屬於「長老會」 4. 在英國出現「清教徒」	以西歐地區為主
共同點	1. 重信仰而輕善功。 2. 奉聖經為最高信仰權威，否定教宗的威權。 3. 宗教的個人主義。 4. 崇拜方式簡單，教堂佈置簡樸。			

舊教的改革

原因	遭受到新教各派成立之衝擊
組織	耶穌會
創立者	西班牙人羅耀拉
創建時間	西元 1534 年
成立地點	巴黎
主張	1. 重申「教宗至上」 2. 注重傳教士的紀律與素質
作爲	著重教育與傳教 1. 增設修道院訓練神職人員 2. 派遣傳教士赴海外傳教→擴大教區（著名傳教士：利瑪竇）
結果	1. 擴大舊教在海外各地的影響力 2. 新教各派跟進舊教之改革和傳播 →基督教成為世界性宗教

●宗教改革的影響

1. 基督教世界再度分裂	2. 歐洲各國君主權力提升
3. 新教與舊教的對立 宗教迫害、宗教戰爭（1618～1648 年「三十年戰爭」） →歐洲各國實施對外宗教寬容政策	4. 促進教育的發展 宗教改革者倡導以母語讀《聖經》，帶動歐洲教育的發展與識字率的提升
5. 強化民族意識 →「民族國家」、專制王權	

改變歐洲海上霸主地位的關鍵戰役——英西海戰

哥倫布發現美洲以來，西班牙成為歐洲最富有的海上帝國，也建立了「無敵艦隊」。卻在一五八八年的英西海戰中，敗給了英國，從此改變了海上霸主的地位。

第一個日不落帝國是西班牙

提到十七世紀以來的世界海權霸主，著名的「日不落帝國」，大家想當然爾的會聯想到是英國。然而，世界上第一個被冠上「日不落帝國」稱號的國家，其實不是英國，而是歐洲的門戶伊比利半島上的西班牙王國。

自從一四九二年哥倫布遠渡重洋發現美洲新大陸後，西班牙的海外探險家紛紛湧至中南美洲掠奪金銀財寶，因此西班牙很快成為歐洲最富有的海上帝國。

為了保障其海上交通線和其在海外的利益，西班牙建立了一支強大的海上艦隊，最盛時艦隊有千餘艘艦船。這支艦隊航行於地中海和大西洋，驕傲地自稱「無敵艦隊」。

戰爭爆發的原因

英西兩國的宗教歧異

一五六〇年代的西班牙國王腓力二世，與他的妻子英格蘭女王瑪麗一世，都是狂熱的天主教徒，因此他倆夫妻在位期間，皆對境內非天主教的信仰進行鎮壓，但是當瑪麗一世過世之後，繼位都鐸王朝的英國女王是信奉新教（英國國教派）的伊莉莎白一世，天主教會拒絕承認信奉她為合法君權。

因此，腓力二世基於宗教利益的因素，決定推舉伊莉莎白一世的姪女蘇格蘭女王瑪麗一世（與前述的英格蘭女王瑪麗一世同名），取代信奉新教的伊莉莎白成為英國的女王，因為蘇格蘭的瑪麗一世是信奉天主教的女王，而被腓力二世與天主教會認定是正統英國女王。

一五六七年，瑪麗因貴族叛變而遭到囚禁，並被迫將蘇格蘭王位讓給她的幼子詹姆士一世。瑪麗逃脫後，她迅速逃往英格蘭，卻又被伊莉莎白囚禁。此後直至瑪麗過世的二十年間，伊莉莎白與詹姆斯的敵對者仍然不停地籌畫將瑪麗推上英、蘇二國的寶座。

英西兩國的政治鬥爭

信奉新教的伊莉莎白一世，對於西班牙腓力二世積極干預英國內政，以及不斷想找人取代自己政權的行為，感到非常不滿。

於是也在歐洲大陸上扶植許多新教勢立，來抗衡天主教會以及西班牙對她的政治包圍。

例如她向法國的新教徒亨利四世提供了軍隊和錢財來讓他獲得法國王位。又在八十年戰爭中，向荷蘭的新教徒奧倫治親王——沉默者威廉提供軍隊來讓他反抗西班牙的統治，所以菲力二世便懷恨在心，伺機報復。

英西兩國的海上爭霸

當西班牙稱霸海洋，並從美洲殖民地，滿心歡喜地將黃金白銀運一船一船回歐洲的同時，卻遭遇到英國海盜在美洲大陸和大西洋沿岸的掠奪情形，這使西班牙政府遭受到巨大的損失。

英國是一個擁有優良海盜血統的國家，他們各個都是馳騁海洋的箇中好手，他們也認為海盜是代表機警、勇敢和對財富追求的英雄，所以往往在英國人的家裡面，我們可以看到他們祖先的畫像，往往都是少了一隻眼睛，手上多了一隻鉤子之類的畫面。

然而當時活耀於大西洋上的海盜霸主，當推法蘭西斯．德雷克船長，他率領的旗艦「金鹿號」馳騁於海上，四處劫掠西班牙從美洲載運回來的寶船，此舉惹惱了西班牙國王菲力二世，西班牙國王便向英國伊莉莎白女王提出警告，要求英國節制境內的海盜活動，否則將率領無敵艦隊，親臨英國本土代為節制。

此話一出等於是在向英國發出最後通牒的警告，想不到英國女王得知此一消息之後，利用嘉獎德雷克船長完成環繞世界一周的機會，親自登上的金鹿號，封德雷克為英國皇家子爵，以及英國海軍中將。

這簡直就是對德雷克船長的海盜行為進行了表揚；而咱們的海盜德雷克，搖身一變，升級成了皇家海盜；德雷克的搶劫，也變成了奉旨搶劫。

錢幣上的金鹿號

一九三七年至一九七〇年，有三十三年的時間，英國的錢幣半便士（Half Penny）上一直以德瑞克的金鹿號為圖案。

▲半便士上的金鹿號圖案

德雷克船長有了女王的加持之後，在海上搶劫活動簡直是如有神助，菲力二世得知消息之後大為光火，於是在一五八八年發動了改變歐洲海權霸主地位的「英西海戰」——西班牙無敵艦隊之役。

▲改變歐洲海權霸主之役 — 英西海戰

戰爭的爆發

新一代海上強權

一五八八年五月底，西班牙公爵梅迪納統率船艦一百三十四艘，船員和水手八千多人，搖槳奴隸兩千多人，船上滿載兩萬一千名步兵的「無敵艦隊」從里斯本揚帆出航。英國方面也做好了迎擊准備，由霍華德勳爵任統帥，德雷克任副帥。

英軍共有一百九十七艘戰艦，載有作戰人員九千多人，全是船員和水手。英國的戰艦性能雖不如西班牙，但船體小、速度快、機動性強，而且火炮數量多、射程遠。這種戰艦既可以躲開西班牙射程不遠的重型炮彈的轟擊，又可以在遠距離對敵艦開炮，以火炮優勢制勝。

最終，西班牙落敗，本想南退的西班牙艦隊，卻因颳起強大的南風而不

英西海戰的原因

	英國	西班牙
宗教歧異	信奉新教（英國國教派）	信奉天主教
政治鬥爭	扶植歐洲新教勢力，如法、荷。	積極干預英國內政，找人取代英國女王政權。
海上衝突	英國海盜掠奪西班牙船隻	要求英國節制海盜活動遭拒

可行，龐大的艦隊只好隨風北上，最後繞過大不列顛及愛爾蘭西岸，回國時僅存四十三艘。由於損失百艘以上的大戰艦及超過一萬四千名士兵，從此國勢鼎盛的西班牙停滯不前，英格蘭則成為新一代的海上強權。

海軍軍禮的由來

另外，在這一則故事的背後還有一個有趣的插曲，當德雷克船長及他的水手們擊退西班牙無敵艦隊之後，伊莉莎白女王決定要親自登艦慰勞前線有功的將士。

此舉令德雷克船長非常緊張，因為船長手底下這幫大老粗大都待在海上，平時也沒見過什麼女人，萬一見到女王做出什麼樣不禮貌的生理反應這還得了，為了維護女王的尊嚴於是德雷克下令：「明天女王登艦之時所有人必須以右手遮住雙眼。」不得對女王平視。這一動作逐漸演變成了今天英國的海軍軍禮的由來。

舉手禮

舉手禮的起源已經不可考，除了前述說法之外，通常還有兩種說法，一是古羅馬軍團士兵舉手作遮擋陽光狀，以表示對上級（或觀看比武的貴婦）的尊敬；與握手的用意相同，向對方顯示自己手中沒有武器。

另一說法，比較正確且有根據的說法是：中古歐洲的騎士在路上交會時，會以右手掀起頭盔，讓對方看清楚自己，以表示尊敬，而這個動作進而演變為後來的舉手禮。

都鐸王朝的亨利八世

蘭開斯特家族的亨利七世與約克的伊莉莎白聯姻結束了戰爭，也宣告了從征服者威廉以來在英國所建立的金雀花王朝正式結束，開啟了新的都鐸王朝。

都鐸王朝的建立

英法百年戰爭結束之後，英國國王愛德華三世的兩支後裔家族，為了爭奪英國王位的繼承權，雙方大打出手，形成了英國內部的一場大規模內戰。

兩邊陣營分別是蘭開斯特家族，其家族的族徽為紅玫瑰；另一邊的陣營為約克家族，其家族的族徽為白玫瑰。因此，這場戰爭史稱「玫瑰戰爭」。

戰爭最終以蘭開斯特家族的亨利七世與約克的伊莉莎白聯姻，結束了這場戰爭，同時也宣告了從征服者威廉以來在英國所建立的金雀花王朝正式結束，開啟了新的都鐸王朝，並把皇室徽章改為紅白的「都鐸玫瑰」。

在這場「玫瑰戰爭」中，由於英格蘭的大量封建貴族戰死，所以奠定了英國走向專制王權的基礎。

英國國教派的建立

亨利七世與伊莉莎白聯姻建立都鐸王朝之後，生下了七個小孩，第二個兒子就是本章節的主角——亨利八世，兄弟姐妹有三個人夭折，一五〇二年，其兄亞瑟又突然去世，十一歲的亨利繼任威爾斯親王，成為王儲。

亨利七世在其長子過世之後，便為亨利八世安排了一門親事，就是娶自己的兄嫂——西班牙公主凱薩琳，凱薩琳與亨利八世懷孕六次，最後只生下女兒瑪麗，其餘都早夭。

亨利八世害怕女性繼承王位，會引發第二次「玫瑰戰爭」，一五二五年，亨利認定凱薩琳不能為他生下男性繼承人，便和侍女安妮·博林發生關係，安妮·博林心機深沉，慫恿亨利八世與凱瑟琳離婚，並與羅馬教宗決裂。

亨利八世向教宗提出離婚的訴求，但遭到教宗嚴厲的拒絕，因為教宗在宗教改革之後，急欲拉攏信奉天主教的西班牙王室，因此跳出來捍衛西班牙來的公主凱薩琳，但是一五三三年初安妮·博林已經懷孕四個月了，為了不讓孩子成為私生子，亨利秘密與安妮．博林結婚，英國國會隨後立法脫離羅馬教廷，並由坎特伯里的大主教宣布亨利與凱薩琳的離婚生效，以及與安妮．博林的婚姻合法。

三個月後，安妮．博林生下一個女兒，取名為伊莉莎白一世。羅馬教宗因此憤而開除了亨利八世的教籍，一五二九年起亨利八世操縱議會實行宗教改革，先後通過法令禁止向教廷納貢，取消教宗其他的種種特權。並在一五三四年通過《至尊法案》，正式宣布國王為英教會的最高首腦，建立一個政教合一的英國國教會（也稱為聖公會）。但基本沿用舊教教義、禮儀和主教制，只是英國的香油錢不再繳給教宗，轉為交給亨利八世。

開除教籍

當時國王被開除教籍有兩種涵義。一是國王失去合法性，也就是加冕無效，恐怕引來境內諸侯叛變。二是國王不能上天堂。

亨利八世的後續婚姻

安妮．博林在生下女兒伊莉莎白一世後，一次死產，兩次的流產，打擊了亨利尋求男性繼承人的希望，在最後一次流產時，為了掩蓋流產的事實，竟與弟弟喬治．博林亂倫，結果遭人告發，之後安妮被以對丈夫不貞的罪名，被亨利八世處死，就連她的女兒伊莉莎白一世也被趕出王宮。

安妮．博林被斬首的第二天，亨利與他的侍女珍．西摩，十天後正式結婚，並宣布新王后的子女將是順位繼承人；之前的子女瑪麗和伊莉莎白為私生女，剝奪其繼承權。隔年的一五三七年，珍生下兒子愛德華（後來的愛德華六世），卻在同年因產後細菌感染引發敗血症而過世。亨利哀慟不已，因為珍生下他渴望已久的唯一男性繼承人。

在珍．西摩過世之後，亨利為確保男性繼承人的人數，又展開剩下的三段婚姻，很遺憾的是這三段婚姻皆以悲劇收場。

瑪麗與伊莉莎白

亨利八世受到他最後一任王后影響，與兩位女兒和解。一五四四年，國會通過第三部《王位繼承法》重新賦予瑪麗與伊莉莎白次於愛德華王子的王位繼承權，但仍被視為私生子。

一五四七年亨利八世過世，他唯一合法的兒子愛德華，繼承其王位成為愛德華六世，是英國歷史第一位新教君主，但愛德華六世即位六年後，隨即因肺結核而過世，依照王位繼承順序，瑪麗公主即位為英國女王瑪麗一世，瑪麗是一名虔誠的天主教徒，因此想盡快找到合適夫婿以生下儲君，以免王位落入信奉新教的妹妹伊莉莎白手中。

當時西班牙國王查理一世向她建議與他的獨生子腓力結婚，於是瑪麗便嫁給了這位西班牙王子。瑪莉上臺之後，致力於在英國境內恢復天主教的地位，以取代她父親亨利八世提倡的英國國教派。過程中，她下令燒死約三百名宗教異端人士。此舉動讓她得到「血腥瑪麗」的外號。

一五五八年，瑪麗去世，伊莉莎白接替成為英國女王，女王上任後首先採取的行動之一就是建立一座英國新教的教堂，她成為教會最高領袖，實施宗教和解，並建立英國國教會。

另外值得注意的是，在英國的喀爾

亨利八世的六段婚姻

姓名	凱薩琳	安妮・博林	珍・西摩	克里維斯的安妮	凱薩琳・霍華德	凱薩琳・帕爾
身分	西班牙公主	侍女	侍女	克里維斯公爵之姊	安妮・博林的表妹	富有的寡婦
時間	1509 年 6 月 11 日～1533 年	1533 年 1 月 25 日～1536 年 5 月 19 日	1536 年 5 月 20 日～1537 年 10 月 25 日	1540 年 1 月 6 日～1540 年 7 月 9 日	1540 年 7 月 28 日～1541 年	1543 年 7 月 12 日～1547 年 1 月 28 日
結果	取消婚姻	被處死	病死	取消婚姻	處死	亨利八世去世
子女	瑪麗一世	伊莉莎白一世	愛德華六世	無	無	無

近親通婚的歐洲王室

與瑪麗結婚的西班牙王子腓力，他的父親查理一世是英國女王瑪麗一世的表哥。所以這門婚事就變成了阿姨嫁外甥的戲碼了。這麼離譜的亂倫行為為何會發生在歐洲的王室，這是因為西班牙是天主教國家，所以瑪麗會同意這門婚事，也跟捍衛天主教信仰有極大的關係。

另外，這種近親通婚的戲碼，主要是因為在中古歐洲有一個叫做『哈布斯堡』的家族，為了維護家族的地位，四處與歐洲王室通婚，讓家族子女可以繼承歐洲各王室的政權。

哈布斯堡王室在十六世紀中期，分成兩個支系，一支的據點在奧地利，統治神聖羅馬帝國；另一支統治西班牙及其屬地與海外殖民地。兩大支系會彼此通婚。這便造成歐洲王室近親通婚的傳統，以及歐洲王室為什麼名字都這麼像的原因了，因為都是同一個家族通婚出來的產品。

文教派，因為主張清除英國內部所有天主教的舊教儀規，因此被稱為清教徒。但伊莉莎白所規定的聖禮儀式及教士袍服等事項皆與舊教相同，因此引起了清教徒的激烈反對。伊莉莎白以高壓手段，禁止脫離聖公會的清教徒進行活動。

一五九三年國會通過法令，信徒不得私自聚集，一經查出立即驅除出境。大批清教徒流亡歐洲大陸。他們在宗教環境較為寬鬆的荷蘭立足，稱之為改革教派。這期間，清教徒之中也產生了分裂，一部分主張留在聖公會內，以漸進的方式推行改革；另一部分則持激進態度，要求立即建立一個合乎聖經真理的教會，這些人被稱為分離派。其後由此產生了新教的一些宗派，如浸信會、長老會、公理會等。

伊莉莎白的輝煌年代

伊莉莎白是最後一位英國都鐸王朝的君主，可能是受父親婚姻失敗的影響，因此女王終生未嫁，被稱為「童貞女王」。

伊莉莎白在位期間，政治安定，宗教信仰上也從新舊教的紛爭，逐漸走向信仰統一的局面，對外擊敗了西班牙的「無敵艦隊」，奠定英國往後三百年稱霸海洋的基礎，並且在二○○二年，被英國民眾票選為「一百名英國最偉大的人」之一。

科學革命與啓蒙運動：光的世紀

地理大發現後，歐洲人發現許多新島嶼、新大陸，這些新的發現，都是過去《聖經》沒有提及的世界及過去的知識都無法解釋，因此人們勇於探索新的知識，對於宇宙間的各種事物，也都重新研究。

背景

十七世紀後的思想家，不同於之前的思想家，他們受文藝復興、宗教改革的影響，勇於懷疑過去傳統的權威，依靠自身才智來領悟知識大膽求知。

此時期的思想家認為知識必須有實用性，才能減輕人類痛苦。

此外，地理大發現後，歐洲人發現許多新島嶼、新大陸，這些新的發現，都是過去《聖經》沒有提及的世界，過去的知識也無法解釋，因此人們勇於探索新的知識，對於宇宙間的各種事物，也都重新研究。

天文學革命

傳統的天文觀「地球中心說」

過去傳統的天文知識以及教會觀念，皆認為地球是宇宙的中心，所有的行星包含太陽都圍繞著地球在公轉；會有如此想法，乃是因為希臘時代的亞里斯多德還有亞歷山大時代的天文學家托勒密。

亞里斯多德與托勒密都認為太陽繞著地球而轉動。長期以來，西方人習慣這種說法而毫不懷疑。而且這種說法也符合人們的生活經驗，人們每天早上看著太陽從這頭升起，傍晚又在另一頭掉落，這給人一種「太陽繞著我們在轉動」的印象。

這種「地球中心說」也獲得基督教會的全力支持，因為基督教認為這個世界的種種事物，包括高山、河海、動植物、太陽、月亮都是上帝為人而創造的，人為主，其他事物為副，因此太陽繞著人類所居住的地球而轉自是理所當然。

天文學的革命

近代的科學革命就是從波蘭天文學家哥白尼挑戰地心說開始。他很早就指出托勒密天文體系有嚴重錯誤。

一五四三年，哥白尼發表天體運行論，提出了「日心說」，認為太陽是宇宙的中心。

這種從地心說到日心說的轉變，稱為「哥白尼革命」。

儘管哥白尼的「日心說」僅為少數人所知和接受，天主教和新教也都認為他的學說，嚴重威脅了基督教信仰，但哥白尼的日心說卻也激發其他學者對宇宙進行更深入的探討。

日耳曼人克卜勒提出了行星運行三定律，認為行星以橢圓形軌道繞太陽運轉，支持哥白尼革命。

義大利人伽利略利用自己製造的望遠鏡，反駁托勒密的天體完美說，他觀測發現月球表面與地球一樣凹凸不平，太陽也有黑點，同時也支持了哥白尼學說。

由於伽利略違反基督教的傳統宇宙觀，因而遭到羅馬教會的迫害。但他在天文學上偉大的成就，贏得後人的讚美。

▲哥白尼與其天體運行論

天文牛頓和蘋果樹

然而十七世紀最偉大的科學家當推英國數學家牛頓，他是科學革命的集大成者，憑藉精確觀測與數學推理建立天文學和數學理論，於一六八七年，發表自然哲學的數學原理，提出支配天體和地球上物體運動的「萬有引力定律」和力學三大定律——慣性、加速度和反作用，並運用數學推理，證明這些定律通用世界上一切運動中物體。

然而我們在兒時一定聽過一個膾炙人口的故事，那就是牛頓被蘋果砸到頭的故事。這個故事是這樣流傳著的：「有一天，牛頓坐在蘋果樹下沉思，突然一棵熟透了的蘋果掉下來，打到了他的頭。牛頓恍然大悟，喔！原來蘋果會從樹上掉下來和月亮會繞著地球轉是同樣一回事，都是萬有引力造成的。」

這是一個虛構的故事，其實當時牛頓經過蘋果樹下，正巧看見樹上熟透的蘋果掉落地上，他第一個聯想到的是伽利略的「自由落體公式」，面對這種情形，我只能說科學家的腦袋果然和一般人不大一樣，如果是我看到這個情形，我會毫不猶豫地把它撿起來吃掉，就像是如果有人要跳樓，我們一定會馬上去報警，而不會考慮他大概多久時間會落地，但也因為有如此不同於一般人的思考邏輯，牛頓才推導出三大運動定律。

牛頓三大運動定律

牛頓從伽利略的「自由落體公式」推導出的公式，是把垂直的高度看成是水平的位移；把重力加速度換成是加速度，而推導出公式。

所以牛頓曾經說過：「我能有今天的成就是因為站在一個巨人的肩膀上。」這位巨人指的就是伽利略。

其他科學的發展及科學機構的成立

在天文學和物理學有革命性新發現的同時，其他領域的科學家也開始以新方法來解釋自然界。如英國學者哈維發現血液循環的規律；布魯塞爾的醫者維薩里則對人體解剖學有深入的研究；荷蘭科學家李文霍克使用顯微鏡發現了細菌與細胞，愛德華・金納（或譯詹納）發現接種牛痘可以預防天花；「現代化學之父」羅伯特・波以耳將化學從中世紀煉金術中分離出來，區別混合物及化合物的不同。以上成就都帶動了醫學與化學方面的大進步。

當時許多科學研究受到政府機構的支持，極為知名的有英國皇家學會（一六六〇年設立）和法國的法蘭西科學院（一六六六年設立）。這兩個機構除了資助科學研究並定期舉辦學術會議外，也出版學術期刊發表最新的研究成果。此後，其他國家也相繼設立這類的研究機構。

科學方法論的提出

十七世紀在歐洲科學革命出現之後，還伴隨著新式科學方法的確立。

新的科學方法強調懷疑和觀察，以及基於觀察到的事實和數字的論證。究竟什麼是科學？以下介紹兩位科學方法的思想家。

培根與歸納法

一六二〇年，培根出版《新工具》一書，認為真正的經驗方法需由體驗事實出發，科學家應該先蒐集問題的資料，透過對資料的歸納推理，才能得到科學結論，這種方法稱為「歸納法」。

由於培根重視經驗、實驗，因而成為近代經驗哲學的創始者，他的經典名言極為「知識就是力量」。

笛卡兒與演繹法

一六三七年，笛卡兒出版《方法論》一書，闡述其哲學和方法論，強調知識是由理性思考而得，並不完全仰賴經驗的累積，繼而提出「我思故我在」的名言。

笛卡兒提出的研究方法被稱為「演繹法」。當時的理性主義者甚至斷言，應用「演繹法」可揭示一切領域內的知識。

培根和笛卡兒的觀念對近代科學的發展影響很大，科學家相信透過觀察以及運用數學清楚表示的自然律，能夠引導人們對大自然做更多的了解。

機械的宇宙觀

宇宙就如一座碩大無比的巨鐘，這座巨鐘的零件依一定的規律運作，這個規律可以用數學公式清楚的呈現，這就是宇宙運行的自然律。牛頓相信上帝是這座鐘的創造者，並且賦予這座鐘開始運轉的動力，但不會干涉其運行，藉以擺脫中世紀以來的神學觀念。

●科學革命的影響

1. 摧毀了中世紀的宇宙論，形成了機械的宇宙觀。
2. 科學精神的提倡與懷疑論：降低了宗教的權威性。
3. 新的思維習慣：拋棄古代權威在自然事物上的理論，養成了觀察、實驗的、精確思考的精神。
4. 科學革命的思考成為啟蒙運動發展的基礎。

美國獨立建國及發展

北美十三州人民吸收歐洲的啟蒙運動自由、平等開放的思想；包括主權在民、天賦人權等觀念也深植人心。最終因新稅問題，發起了獨立戰爭。

獨立革命的歷史背景

從外部因素來看，印第安人和法國人對北美十三州殖民地的威脅，養成了冒險的精神和獨立求生存的意志。

英國十七世紀連續有清教徒革命與光榮革命的動亂，使得英國未能對北美十三州殖民地建立專制的政治，因此殖民地得享相當大程度的自由與自治。

至於從內部因素來看，十三州移入英國議會政治的傳統。相較於英國其他殖民地的統治方式來得更為民主開放。此外，十三州人民吸收歐洲的啟蒙運動自由、平等開放的思想；包括主權在民、天賦人權等觀念也深植人心。

經濟上，自十七世紀中葉起，英國政府即在重商主義的原則下公布一系列法案管理殖民地事務。這些被合稱為《航海法案》的法案，規定在殖民地與英國間的貨物運輸須使用英國或殖民地的船隻；從法國和荷蘭進口的貨物必須繳納高額關稅。這些規定的目的顯然是為了使殖民地為母國的經濟利益服務，使英國政府、商人與人民都可直接或間接的從殖民地獲利。並讓且有利於英國的東印度公司壟斷新大陸的商業利益。此舉令殖民地的商人對於英國如此嚴格的限制，感到十分不滿。

戰爭的爆發與建國

新稅問題

十八世紀中葉，英國與法國為爭奪海外殖民地（加拿大、印度殖民地）屢有衝突。

一七五六年歐洲爆發七年戰爭，一七六三年英軍和殖民地軍打敗法軍，雙方簽訂巴黎和約，英國幾乎奪得法國在北美所有殖民地。看在十三州人民眼中，英國擊敗法國人奪取加拿大之後，十三州北方不再有威脅，因此不需要英國的保護。

再加上戰爭期間，英國為了打贏戰爭，導致財務支出龐大，故希望將戰爭開支轉嫁到殖民地身上，因此國會在一七六四年通過糖稅法案，隔年又通過印花稅法案，這些法案和其他加稅法案引起殖民地人民的強烈反對，他們認為既沒有代表出席英國國會，國會亦無權向他們直接徵稅。

一七六六到一七七〇年，英國國會被迫取消這些稅法，僅保留徵收茶葉稅。但此舉已為日後的戰爭埋下了衝突的開端。

波士頓茶葉黨事件

十七世紀，中國的茶葉在歐洲大受歡迎，甚至在法國的咖啡館內也賣起了中國茶。

一六九八年，英國國會授予東印度公司茶葉進口壟斷權，並立法規定「北美殖民地」只能從東印度公司進口茶葉。但東印度公司不直接向北美出口，而是在英國通過拍賣的方式批發給北美的分銷商。當時英國對東印度公司進口的茶課百分之二十五的稅，相比之下荷蘭政府不課茶葉稅，因此走私荷蘭茶進大英帝國的利潤很高。

為了減少走私，一七六七年英國議會通過法律，讓東印度公司出口到殖民地的茶全額退稅。但又頒布《唐森德法》，對殖民地直接課稅，包括茶葉稅。

一七七三年，英政府授予英國東印度公司享有售茶到殖民地的免稅權，引發殖民地茶商的不滿。該年十二月，一群波士頓當地居民把英國東印度公司進口的茶葉丟入海港中，爆發「波士頓茶葉黨事件」。事件發生後，英國政府頒布一系列懲罰性法規，封鎖波士頓港，並派軍駐守波士頓，引發殖民地人民強烈不滿。

萊星頓槍聲與大陸會議

一七七四年九月，十二個殖民地代表（除喬治亞外）在費城成立第一次大陸會議，大會抗議英國政府對波士頓的武力鎮壓，英王喬治三世對大會的訴求置之不理。

英國政府這種蠻橫的政策，使許多原來溫和的殖民者也開始對英國政府不滿。麻薩諸塞各地民兵在激進分子領導下設置了一個武器彈藥庫。一七七五年四月中，英國政府接獲情報，十九日派遣一隊英軍到康科德去沒收藏在那裡的彈藥。

英軍乘夜自波士頓出發，走到半途的萊星頓小鎮時，適逢當地民兵集合晨操。英軍隊長下令民兵解散，民兵

糖稅法案與印稅法案

糖稅法案，就是對從西印度地區進口的糖、蜜課稅，並派員緝私。

印花稅法案則規定殖民地人民的商業契約、法律文件、新聞報紙等，都必須加貼一分或五十元不等的印花稅票。

起初也奉命行事，但在解散之中，不知誰突然放了一槍，這一槍開啟了美國獨立戰爭的序幕。

同年五月，第二次大陸會議在費城召開，十三個殖民地代表都參加會議。大會通過組織正規軍，任命華盛頓為總司令，正式對英國作戰。

一七七六年七月四日，大會通過傑弗遜主筆起草的獨立宣言，宣告：「殖民地從此是自由和獨立的國家，並且按照權利也必須是自由和獨立的國家；我們取消一切對英國王室效忠的義務，把我們和大不列顛王國之間的一切政治關係，全部斷絕。」至此，殖民地人民已從原先的追求較多自由，轉變為擺脫母國統治，自建國家。

▲開啟美國獨立戰爭的萊星頓槍聲

獨立戰爭的成功

雖然美國宣布獨立，但英、美兩軍實力相差懸殊，要取得獨立戰爭的勝利並不容易。

美軍在戰爭初期居於下風，但是當時美國是全民參戰，加上華盛頓用兵謹慎，沒有把握絕不與英軍正面作戰，大多進行伏擊、偷襲等非正規的戰鬥技術，這樣的作戰方式令習慣於正規作戰的英軍感到頭痛。尤其是在《美法同盟條約》於一七七八年二月簽訂後，法國的援助（包括物資、金錢、軍隊）源源來到美國，更確保了美國的最後勝利。加上荷蘭、西班牙也在軍事上援助美國，反觀英軍因遠離本土，後繼無力，逐漸出現敗象。

一七八一年，美、法聯軍終於擊敗英國，一七八三年九月，美、英在法國簽訂和約，英國正式承認美國獨立。

美利堅合眾國的建立與制憲

建國初期的邦聯制

一七七七年，大陸會議通過的邦聯條例提出美利堅合眾國的國號，直至一七八一年邦聯政府組成，美國才正式出現。

美利堅合眾國的最高權力機構是一院制的邦聯國會。邦聯政府所需經費由各州攤派；各州保留獨立性，對國會通過的決議可置之不理，國家不設最高元首。

因此邦聯制下的美國，實際上是一個十三州組成的鬆散聯盟。邦聯體制在戰後迅速面臨很多無法解決的問題。

第一，國家無力償還大筆債務；第二，政府不能有效促進國內外貿易；第三，軟弱的政府也不能有效保護國人和國家的安全。邦聯政府面臨財政、貿易、軍事等危機，一籌莫展，愈來愈多的美國人意識到需要強化中央政府的權力。

制憲會議與聯邦制

一七八七年，來自各州的代表在費城召開制憲會議。各方經過激烈爭論，終於制定美國憲法。一七八九年，憲法正式實施，確認美國是聯邦體制的國家，聯邦政府為各州的中央政府，並實踐孟德斯鳩三權分立的原則，而各州仍然保持獨立性，有各自的政府和立法機關。但諸如外交、軍隊等具有主權性質的事務，則由聯邦政府負責。

美國的最高立法機構是國會，由參議院和眾議院組成，參議員由各州議會選出，每州兩人。眾議員則根據各州的人口比例選出，眾議院通過的法案需經由參議院同意後才能成為法律。此舉是要兼顧地方自主與國家統一，但兩者有衝突時，則以國家整體利益為優先考量。

一七八九年四月，華盛頓在紐約就任為首任總統。美國建國之初常受到歐洲國家威脅，經由華盛頓總統等人的外交努力，國家逐漸穩定下來。

但在美國內部，兩黨政權的衝突問題也開始浮現，例如：十八世紀末年出現的聯邦主義者支持聯邦政府的控制權，反聯邦主義者支持強化各州的自主權。十九世紀中葉，贊成奴隸制的民主黨與反對蓄奴的共和黨已經大致形成對峙的局面，兩黨日後彼此競爭，也讓美國的政治愈趨成熟。

法國大革命與小巨人拿破崙的崛起

法國為啟蒙運動的重鎮，啟蒙哲士的言論與著作，不僅揭露當前制度與社會的不合理，更大力抨擊專制王權及享有特權的貴族和教士階級。在這些言論與思想的推波助瀾之下，也使得當時法國平民對於改革有所期待。

法國大革命的背景

階級矛盾與思想的衝突

十八世紀的法國社會仍保留舊體制下的三個階級：第一階級是教士，第二階級是貴族，第三階級是平民。前兩階級只占法國百分之三的人口，卻擁有大量的土地，享有高官厚祿及特權，而第三階級占當時法國絕大部分的人口，需繳納各種苛捐雜稅，但得不到應有的社會地位與政治權力。

在思想上，法國為啟蒙運動的重鎮，啟蒙哲士的言論與著作，不僅揭露當前制度與社會的不合理，更大力抨擊專制王權及享有特權的貴族和教士階級。在這些言論與思想的推波助瀾之下，也使得當時法國平民對於改革有所期待。

納稅是第三階級的義務

法國的國王曾公開說，教士用鐘聲為國王服務，保佑國王長命百歲；貴族用寶劍為國王服務；第三階級則用金錢為國王服務，就是納稅為其義務。

財政危機與三級會議

十八世紀法國財政出現嚴重的危機，這是因為法國出現了敗家子三人組：路易十四、路易十五、路易十六。路易十四時期連年對外戰爭加上宮廷豪華生活開銷，已留下巨額的債務；繼任的路易十五參與了「七年戰爭」；路易十六時期又增加援助美國獨立戰爭的費用。

一連串龐大外債，對於法國經濟無疑是雪上加霜。此外，路易十六的皇后，奧地利公主瑪麗·安托瓦也是一個極盡奢華的拜金女，當法國財政大臣告知瑪麗：「皇后您應該到巴黎街頭看看，百姓已經窮到連麵包都吃不起了。」瑪麗竟然回答：「那麼為何不吃蛋糕呢？」這般不知民間疾苦的回答，與中國的晉惠帝有何兩樣？

另外路易十六本身有嚴重的口吃毛

病，所以很少召開會議和大臣們商討國事，只是一個人躲在皇宮裡研究如何製鎖及開鎖，因此得到一個外號叫做「歐洲的鎖匠皇帝」，號稱歐洲沒有他打不開的鎖。看來路易十六不應該當國王，應該去當小偷。

一七八八年，走投無路的路易十六只好宣布隔年五月召開「三級會議」來徵收新稅，以解決國家財政危機，並命各階級選派代表；然而第三階級的訴求卻是要制定一部憲法和建立國會。一七八九年五月五日，三級會議在凡爾賽宮開幕。參與會議的第一、第二階級代表各有三百名；第三階級有六百名。

按慣例，三個階級應分別集會，每階級只算一票，這表示第一、第二階級可以聯合對付第三階級。但第三階級力主個別表決，反對階級表決，也反對各階級分別集會，主張三個階級代表共同開會——即「國民會議」。

第三階級代表要求召開國民會議的訴求，受到國王和特權階級的反對。但第三階級仍組成國民會議。隨後他們來到議場開會時，大門緊閉，於是就到附近的網球場集會，並鄭重宣誓一定要制定一部憲法，否則絕不解散，這就是著名的「網球場誓言」。路易十六迫不得已只好同意召開國民會議，卻準備以武力來阻止開會。

導火線

一七八九年七月，首先是麵包價格飛漲，造成嚴重的民生問題；國民會議進行制憲，喚起改革希望；另一方面民眾擔心國王的軍隊會血洗巴黎。七月十三日晨，激憤的巴黎市民湧上街頭，搶劫軍火庫，武裝自己，經過激烈戰鬥，控制了巴黎大部分地區。

當時，駐紮巴士底監獄的軍隊，砲擊抗議的巴黎市民，因此激起民怨。七月十四日，巴黎市民攻陷巴士底監獄，象徵舊制度的毀滅與大革命的開始。隨後，發生在首都巴黎的革命風暴很快地席捲全國。

巴士底監獄的意義

巴士底監獄以關政治犯為主，所以該監獄被視為法國專制王權的象徵。

法國大革命的經過

國民會議時期（一七八九至一七九一年）

一七八九年十月五日，一群巴黎窮苦婦女為飢餓和憤怒所迫，手持棍棒，從巴黎出發，直奔凡爾賽宮，高喊：「麵包！麵包！」她們包圍凡爾賽宮向國王要麵包。路易十六被這群婦女脅持回到巴黎。

▲巴黎市民攻陷巴士底監獄

革命爆發後，國民會議成為法國最高行政和立法機構，君主立憲派主導制憲。會議的主要成就如下：

(1)廢除封建特權；
(2)發表《人權宣言》，宣告每個人都擁有自由平等的權利；
(3)沒收教會財產，用來發行新貨幣，以穩定金融秩序；
(4)制定法國首部憲法。

立法會議時期（一七九一至一七九二年）

一七九一年六月，王室企圖逃離巴黎失敗，引起人民憤怒。十月，國王被迫簽署憲法，法國成為君主立憲的國家，隨後進入「立法會議」時期，然而會議內部派系林立，派系意見不一。

此時普、奧兩國對法國革命風潮頗有唇亡齒寒之感，故出兵壓制法國革命。一七九二年四月，立法會議向奧國宣戰。由於路易十六洩露軍事機密給聯軍，法軍屢戰屢敗，在立法會議號召下，各地人民紛紛組織義勇軍開赴前線，才扭轉了戰局。這段期間，法國人民因倍感戰爭威脅，以及立法會議激進派的煽動，擔心國王會通敵叛國，於是八月攻入王宮，將路易十六逮捕。

國民公會時期（一七九二至一七九五年）

一七九二年九月，立法會議改組為

國民公會，宣布建立共和國，是為「法蘭西第一共和」。一七九三年一月，路易十六被國民公會以叛國罪處死，隨後歐洲各國首次組成反法同盟，英國、荷蘭、西班牙等國進攻法國。

當共和國在內憂外患的壓力下，領導者變得更加激進。國民公會在雅各賓派的領導下，羅伯斯比等人取代溫和的資產階級，成為激進的革命領導人，暴力色彩愈來愈濃厚。

在雅各賓派統治時期，因濫殺無辜，成為法國革命史上的「恐怖時代」，受難者約四萬人，當時法國運作最頻繁的機器竟然是斷頭臺，平均每天要殺死三十六人。一七九四年七月，隨著國內外局勢的逐漸穩定，社會各方面認為威脅已解除。於是發動「熱月政變」將羅伯斯比被送上斷頭臺，結束恐怖時代。

路易十六的斷頭臺

國民公會的羅伯斯比曾說：「路易必須死，因為共和必須生。」所以將路易十六送上斷頭臺殺掉，但傳說路易十六當年也曾親自參與了這個斷頭臺的設計，自己竟然死於自己設計的刑具，格外諷刺。

督政府時期（一七九五年至一七九九年）

羅伯斯比垮臺後，新政權操在中產階級手中。他們根據一七九五年的新憲法，成立包括上下院的國會與五人組成的督政府。

督政府廢除了「最高限價法令」，造成物價高漲，人民生活每況愈下，國內騷亂不已。一七九八年，英、俄等國又組織第二次反法同盟，法國在外國大軍壓境之下，督政府表現得軟弱無能，法國需要一個有力的政府來擺脫危機，聲名卓著的拿破崙得以趁機崛起。

拿破崙的崛起

拿破崙在雅各賓派統治時期開始嶄露頭角。督政府時期，拿破崙於一七九六年被派遣遠征義大利，取得重大勝利，聲望如日中天。

一七九九年，他因軍功而擁實權，於是推翻督政府，建立以自己為首的「執政府」。拿破崙以第一執政的名義實行軍人獨裁統治，開啟法國史上的拿破崙時代。

一八〇四年，拿破崙稱帝，為拿破崙一世，建立法蘭西第一帝國。拿破崙稱帝後持續擴張版圖，並於一八〇六年解散神聖羅馬帝國，將原帝國境內西南各領地，統合為萊因邦聯。一八一〇年左右，拿破崙帝國盛極一時，控制從波蘭到西班牙、荷蘭到義大利的歐洲廣大地區。

拿破崙的施政貢獻

項目	內容
編纂法典	1804 年頒布《拿破崙法典》，是一部完整而有系統的法典，也是歐洲當時最進步的法律經典。
整頓經濟	重新整理稅收，注意官員品格、杜絕貪汙情形，並於 1800 年建立法蘭西銀行，為統一發行貨幣及執行國家財政政策的重要單位。
重視教育問題	1802 年制定教育法，規定鄉鎮地區辦理小學教育要經由省長或副省長監督。在各省設立的公、私立中等學校，則要由中央政府監督負責。重要城市都必須設立一間高等學校。
降低教會對國家的影響力	為避免教會勢力的牽絆，1801 年與教宗訂立協定，默許教產收歸國有，教士薪水由政府負責核銷，並取消引人詬病的《教士民法》。
開發與建設	修築公路，整頓運河與海港，興建水閘和堤防。

拿破崙帝國的衰亡

拿破崙早期的戰爭除捍衛法國大革命的成果外，又把革命的思想和精神帶到法軍所到之處，動搖歐洲大陸的封建統治。

但他後期的戰爭侵犯許多國家的獨立，而招來各國的反抗，最終導致法蘭西第一帝國的覆滅。而其帝國由盛轉衰，大致有下列幾點原因。

一、大陸政策失敗

為了破壞英國經濟體系的措施，禁止歐洲大陸輸入英國貨物。英國反而封鎖海洋，禁止歐陸與南美洲的商貿交流；此時歐洲大陸又分裂為若干經濟陣營，彼此之間的保護政策與競爭，造成歐陸內的工業發展蕭條，導致民怨沸騰。

二、半島戰爭的損耗

一八〇八年，拿破崙入侵西班牙，當地人民激烈抵抗，使三十萬法軍被牽制無法調動，也耗損大量資源。法軍最後遭逐出伊比利半島，此事件被稱為「半島戰爭」。

三、征俄失利

俄國背叛大陸組織，與英國貿易，於是拿破崙憤而遠征俄國。但拿破崙戰況並不如預期中的順利，俄國採取「堅壁清野」政策，加上冬天到來，許多士兵凍死，最後拿破崙狼狽逃回法國。

記錄這場戰役的著名作品有托爾斯泰的《戰爭與和平》以及柴可夫斯基的《一八一二年序曲》。

四、反法勢力的結合

一八一三年，英、俄等國組成反法同盟，與法軍進行一次決戰。對被法國奴役的各國人民而言，這是一次「解放戰爭」。法軍在決戰中失敗，次年三月，聯軍進入巴黎，拿破崙被迫退位，後被囚於地中海的厄爾巴島，拿破崙帝國滅亡，波旁王朝復辟，路易十八即位。

一八一五年三月，拿破崙返回巴黎重掌政權，受到全國軍民盛大歡迎。但百日之後歐洲各國再組反法同盟，雙方在滑鐵盧決戰，法軍戰敗，拿破崙再次退位，被囚禁到大西洋中的聖赫勒拿島。至此，拿破崙帝國徹底滅亡。

法國大革命的意義及其影響

法國大革命是第一個推翻封建專制王朝而建立共和國的革命。也將其革命理想——自由、平等、博愛，廣布於當時的歐洲，後來更傳播到全世界，動搖其他各地封建王朝的基礎。

另一方面，普、奧為了進軍巴黎，法國人民因而群起抵抗，這使法國的民族意識得以發展；日後拿破崙的擴張，更激起歐陸國家的民族精神。這波浪潮帶給近代國家爭取民族獨立發展的新動力。

此外，法國大革命改變了「主權」的觀念。民眾不再認為國王是國家主權的唯一擁有者，國家不再是國王私產，而是屬於這片土地上的全體人民。同時建立起國家的管理標準，國家的官職開放給真正具有才能的人士。

法國大革命在西方歷史上構成一道重要的政治分水嶺，打開了封建王朝通往立憲政體和民主政治的道路。

改變世界的新動力：蒸汽機

一七六三年瓦特在英國格拉斯哥大學修理紐科門蒸汽機，發現了紐科門蒸汽機的許多缺點。瓦特再次改良了塞利的蒸汽機，這次的改變不僅是改變了蒸汽機的使用效率，也改變了全世界的經濟型態。

前言

世界上最早的蒸汽機，一般學者認為是古希臘數學家希羅所發明的氣轉球，但這充其量只能說是一個蒸汽機的雛型而已。

近代比較像樣的蒸汽機可以從十七世紀晚期湯姆士·塞維利設計的蒸汽機談起。

塞維利設計的蒸汽機，起初利用封閉容器中的水蒸汽將煤礦中的積水排出，接著冷卻該封閉容器，在容器中形成低壓狀態，以便再度「吸」入礦坑中的積水，雖然效率不佳，但重複這樣的過程就能夠發揮抽水的功能。

到了一七一二年，湯姆士·紐科門改進了塞維利的設計，可抽出更深的礦井積水。紐科門蒸汽機可以說得上是瓦特蒸汽機的前身。

一七六三年瓦特在英國格拉斯哥大學修理紐科門蒸汽機，發現了紐科門蒸汽機的許多缺點。瓦特再次改良了塞利的蒸汽機，這次的改變不僅是改變了蒸汽機的使用效率，也改變了全世界的經濟型態。

工業革命的背景

瓦特再次改良的蒸汽機改變了全世界的經濟型態，帶動了近代史上的「工業革命」。十八世紀後期從英國開始改變生產的方式，由過去手工為主轉為機器生產，使產量大增，帶來極大的經濟利潤。然而工業革命之所以最早在英國開展，主要是因為英國具備他國所沒有的優勢：原料、市場、勞動力、資金。

圈地運動與勞力解放

中古後期，羊毛成為英國重要出口商品，在有利可圖之下，地主為擴大養羊業，開始將公有地和荒地用籬笆與欄杆圈占，變成私有大牧場。光榮革命後，貴族又透過國會通過的圈地法案，大量購買自耕農的農地，圈為私有的大農場，再租給無地農民耕種。

這讓地主可以累積資金，卻也讓部分農民無地可耕，這種現象就被稱為「羊吃人」，進而疏散農村的勞動力，為工業發展提共廉價的勞動力。

充沛的資源、資本與廣大的市場

英國有供應機器動力的水力和煤礦，還有充沛的鐵礦。再者英國海運發達，方便將商品運往世界各地的廣大市場，以及從各地把原料輸入英國。

國家力量的支持

一六六〇年，英國在倫敦成立的皇家學會，使得英國科學人才輩出。一有新發明，銀行業也樂於投資新科技。此外，一六二四年通過專利法，使發明者的利益受到保障，對發明家和企業家鼓勵甚鉅。

▲瓦特根據紐科門蒸汽機所改良的蒸汽機

工業革命的發展

紡織業的發展

從中古後期起，英國就是歐洲羊毛和毛織品的重要供應地。但十七、十八世紀以來，印度和北美的廉價棉花大量輸入英國，棉布開始取代毛紡織品，大幅降低了原料成本，造就人類衣服史上的新革命。

英國的棉紡織業，最初由家庭婦女紡成一根根棉紗，再織成棉布。

十八世紀初，由於市場對棉布需求增加，而陸續發明飛梭、珍妮紡紗機和水力紡紗機提高手工織布機的效率，但紡織品的品質良莠不齊。直到一七八五年，卡特萊特發明水力織布機，才使織布效能提高。

早期的新式紡織機以水力為動力，工廠必須建立在有急流的鄉間河邊，不僅交通不便，動力亦受限制，在河床乾枯或冬雪結冰期間，工廠就得停工。

一七八〇年代以後瓦特改良的蒸汽機突破了傳統的限制，蒸汽動力的新生產方式，讓工廠可搬遷到大城市周邊，除了不再受天候條件的限制，也使得機器紡織的效率大幅提升，並縮短了運送產品的時間。因此新的工業生產模式也完全取代了傳統的家庭手工業。

交通運輸的突飛猛進

工業革命後為擴大產品市場，並增加運送原料的速度，因此掀起交通革命。主要包含了兩條路，一是水路二是鐵路。

水路運輸首先是開運河。一七六一年英國開鑿第一條運河，到十八世紀末時，英國內部已經遍布運河。一八〇七年汽船的發明，帶來原料輸送和產品銷售方面極大的便利。

鐵路運輸開始在一八一四年，史蒂芬生發明蒸汽火車頭，產生新的交通革命。由於鐵路運輸完全採用機械力，省時省力，能運送大量笨重的貨物，使得工業革命後經濟成長的速度更加突飛猛進。

〈紡織業的發展〉

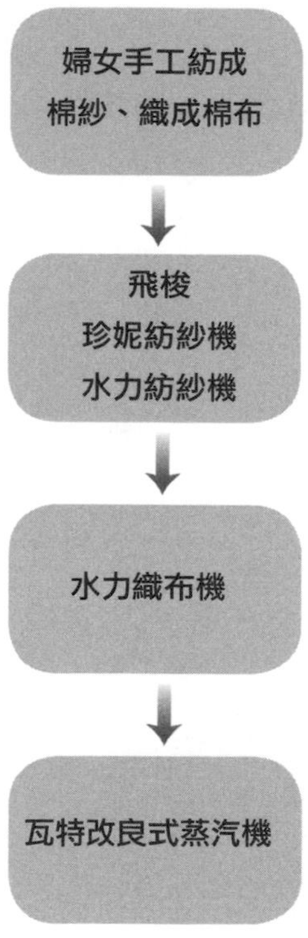

工業革命的影響

工業革命開始於一七六〇年代的英國，英國的機器生產逐漸取代了手工業生產，英國成為世界上第一個工業化的國家。繼英國之後，歐美等國也在十九世紀先後展開了工業革命。工業革命對於全世界都產生了巨大的影響。

標準化的生產與資金的快速累積

工廠建立時所需要的機器、產品原料的採購和工資的開銷，這些都不是個人資本所能負擔。於是企業家從銀行借貸，或與他人共組「股份有限公司」。工廠由專業人才經營管理；生產過程中，有複雜的分工制度。為了要讓機器能夠大量製造產品，故生產線需要標準化、規格化。由於大規模的生產，產品銷售到世界各地的市場，獲得極大利潤。利潤除付息給銀行或給股東的股利外，若有更多盈餘，又會教資金再投入新的市場，賺取更多的利潤。另外，工業社會也有別於農業社會，人們開始追求時尚與流行，進而刺激商業活動。

人口增加與都市化

工業革命使人們生活條件得到改善，死亡率下降，人口迅速增加。隨著工業革命的蓬勃發展，工廠林立和工人聚居的地方逐漸發展成新興的工業城市。但因人口大量集中於都市，也帶來擁擠、環境品質惡化和犯罪率提升等問題。

階級對立與貧富差距

工業革命改變了傳統的社會結構，新興的資本家取代了傳統的舊貴族和地主階級，成為新的領導階層，這些資本家往往透過進入議會修改法律來鞏固自己的地位和保障自己的利益。為獲取最大利益，資本家盡量壓低工人工資，甚至雇用願接受較低工資的婦女和童工。這些貧窮的勞工階級與富裕的資產階級在生活上形成強烈對比，使勞工階級不得不要求資方給予較多的工資來改善生活，因此資產階級與勞工階級之間常常對立。但若遇到經濟不景氣時，有些工人懼怕失業，便不得不接受最低工資。

女性地位的變化

工業革命也促進女性地位的提升，由於工業革命需要大量的勞動人力，創造女性就業的機會，大量未婚女性投入職場，使得女性獲得了經濟的自主權，以及擺脫傳統觀念中女性為家庭附屬品的地位。然而婦女意識的抬頭也促使英國的社會安全福利政策的改良。

不流血的革命：光榮革命

十七世紀時，英王詹姆士二世即位後想實行專制政治，遭到各方反對，英國國會為避免內戰再起，決定請荷蘭的瑪麗和她的夫婿奧倫治公爵威廉入主英國。這場不流血的政變，被稱為「光榮革命」。

王室與議會的關係

《大憲章》形成的背景

英國在十三世紀出現了一個著名的國王——「無地王」約翰，據說約翰是英國史上最驍勇善戰，武功高強的國王，連年對外發動戰爭，可惜的是每次對手都剛好比他強一點點，所以約翰戰無不敗，喪失了英國全部的海外領地。

英國的王朝是法國諾曼第公爵威廉在一〇六六年征服了英國後建立的，本來在歐洲大陸有很多領地，結果全讓約翰這傢伙給敗光了。約翰為了討回面子，還要打仗，於是向貴族們徵稅，結果四十多個貴族代表衝進皇宮，把寶劍架在約翰脖子上，於一二一五年強迫約翰簽屬了《大憲章》。

《大憲章》規定，不經過貴族同意，國王不能向貴族徵兵、徵稅，這是人類歷史上第一部限制王權的成文律法。

一二一五年有了這麼一部法律，便形成英國的一項傳統，就是「王在議會中，王在法律下，王權是受法律限制的。」但是國王有權解散議會，不召開議會。

來自蘇格蘭的鄉下國王

伊莉莎白一世駕崩以後沒有後代，就由她堂姐的兒子——蘇格蘭國王詹姆士六世到英格蘭來做國王，在蘇格蘭是詹姆士六世，在英格蘭就是詹姆士一世，英國由此開啟了斯圖亞特王朝的統治。

當時蘇格蘭比英格蘭落後，城市欣欣向榮，他來到英格蘭做國王之後，把君權神授的觀念帶到了英格蘭，厲行君主專制，又實行宗教專制，於是跟當時的英國的政治風氣，顯得格格不入。

《權利請願書》的制定

十七世紀初，英國王室因主張專制政治，而與國會的關係惡劣，彼此爭奪國家的統治權。

一六二五年詹姆士一世之子查理一

世因對外作戰，需款應急，要求增加稅收，但屢遭國會拒絕，於是解散國會。

一六二八年，查理一世被迫再度召開國會。國會要求國王簽署《權利請願書》，藉以保障人民的私有財產，其中最重要的三項是：不可任意逮捕人民、加稅必須獲得國會同意、軍隊不得駐紮在民宅。

查理簽署請願書並獲得款項後，卻將請願書的要求置之不理。一六二九年，查理再次解散國會長達十一年之久，期間為獲得金錢，使盡各種手段向民間徵收各種規費和罰款。

清教徒革命

查理一世意圖將天主教信仰推展至信仰喀爾文教派的蘇格蘭，而引起蘇格蘭人反抗。為平定亂事，查理一世不得不於一六四一年召開國會以籌措軍費。

十一年沒開過會了，議員們滿心喜悅，想讓國王聽聽人民的聲音，沒想到國王開口，第一句話就是：「各位紳士們，今天召集大家的目的是跟各位要錢（徵稅）。」

議員們一聽就怒了，當場拒絕國王的徵稅案，並要求限制王權，還絞死國王的幾個寵臣，其中包括了斯特拉福伯爵溫特沃思。

國王跟國會兩派人馬大打出手。國王的支持者多屬貴族，而國會的支持者多屬清教徒，雙方衝突愈演愈烈，終於在一六四二年爆發內戰。

一六四六年和一六四九年，清教徒領袖克倫威爾先後統率兩萬兩千名「鐵騎軍」和「新模範軍」，戰勝了國王的軍隊，並俘虜了國王。

一六四九年，國會審判國王，「查理·斯圖亞特作為暴君、叛徒、殺人犯及國家的敵人，應該被斬首」，將他公開斬首，使專制政體受到嚴重打擊，歐洲專制君主無不震驚。而此次內戰以清教徒出力最多，故稱「清教徒革命」。

◀清教徒領袖克倫威爾

王政復辟與光榮革命

查理一世死後，克倫威爾廢除君主制和上議院，建立一個由國會和軍隊領導的「共和國」。一六五三年，克倫威爾成為共和國的「護國主」，實行軍事獨裁統治，並積極向外擴張，使英國國力一時頗盛。

但克倫威爾死後，誰來接班？他的兒子小克倫威爾，第一個跳出來喊父死子繼，但是其高級將領可不幹，江山是我們跟你老爸打下來的，現在你爹死了還有我們，你這小鬼憑什麼接班？於是內戰又起，英國人民厭倦了軍事獨裁統治，於是選舉新國會。

一六六〇年，新國會迎立查理一世的長子，查理二世為英國新君主，是為王政復辟。查理二世記取父親的教訓，不敢建立君主專制政體。但其弟天主教徒詹姆士二世即位後卻想實行專制政治，受到各方反對。

一六八八年，國會為避免內戰再起，決定請詹姆士二世遠嫁荷蘭的新教徒女兒瑪麗和她的夫婿奧倫治公爵威廉入主英國，一六八九年初，奧倫治威廉成為英國國王威廉三世，與女王瑪麗二世行雙王統治。

這場不流血的政變，被稱為「光榮革命」。一六八九年，國會通過《權利法案》。從此確認國會是英國最高權力機構，並用立法來限制國王。這種政治形式，稱為「二元君主立憲制」。

《權利法案》的內容
不經國王不能否決國會所通過的法案。
不經國會同意，國王不能徵稅。
國會議員享有言論免責權。

內閣制與兩黨制的形成

內閣制的形成

為什麼光榮革命之後的英國政體會稱為「二元君主立憲制」呢？原因是王室並不是一點權力都沒有。只是議會和國王互相牽制彼此權利。那什麼時候英國國王才成為虛位元首呢？

瑪麗二世與威廉三世去世後，因為兩人沒有子嗣，於是由瑪麗的妹妹即位，就是安妮女王。

安妮在位的十二年，英國在文學和藝術方面達到了繁榮時期。但她一生卻很悲慘，孩子不是流產就是夭折。安妮女王一死，斯圖亞特王朝絕嗣。

後來找了德意志的漢諾威選帝侯喬治一世，來到英國開啟了漢諾威王朝。

喬治一世來到英國時五十七歲，不會說英語，所以他從來沒參加過國會。本來英國的內閣就是國王召集大臣，在一個小房間裡秘密開會，所以叫內閣。

但喬治一世幹不了這事，於是國會就自己組織起來了，由第一財務大臣當召集人，後來第一財務大臣有了一個專有的頭銜，叫做首相。英國的內閣制於是就形成了。

喬治一世的兒子喬治二世酷愛打仗，當時正是英法第二次百年戰爭，英國與法王路易十四搶歐洲大陸霸權。

喬治二世在歐洲大陸上待的時間遠遠多於在倫敦待的時間，所以他也沒參加過國會。到他們的第三代喬治三世，飽受癲癇、精神病困擾，接見大臣時吐白沫，咬手指頭，所以他也沒參加過國會。這三個喬治在位時間特長，一直到一八二〇年，有一百多年。

久而久之，英王不出席內閣會議，成為一種政治慣例。這標誌著英國責任內閣制逐漸形成，此時國王也成為名符其實的虛位元首了。

兩黨制的建立

英國國會由上議院和下議院組成，上議院議員多為神職人員和貴族，下議院議員則由選舉產生。一八三二年前，無論選區人口多少，都可以選舉兩名代表進入下議院。

英國的兩黨制，起源於十七世紀後期。兩黨是輝格黨和托利黨，前者反對詹姆士二世繼承王位，後者則支持。在威廉三世時代，輝格黨成為強大的政黨，執政約半個多世紀。

英國內閣制的特徵
組成內閣的政黨必須在下議院擁有多數席次。
閣員也必須在國會中擁有席次。
由下議院多數黨領袖出任首相。

法國的革命再起：七月革命、二月革命

因拿破崙將法國大革命的思想—「自由」與「民主」帶入歐洲各地，因此當維也納會議保守勢力抬頭之後，自由民主與保守主義的意識形態不斷衝突，以至於各國自由革命不斷。

維也納會議與歐洲新政局

一八一四年拿破崙退位後，歐洲各國在奧國首相梅特涅主導下，在維也納召開會議，目的是為了解決拿破崙戰爭之後，歐洲領土重新分配和重建歐洲秩序兩大問題。雖然當時會議中幾乎是冠蓋雲集，但實際上，會議由四大戰勝國奧、俄、普、英操縱，四強更不斷為了各自的領土劃分與利益而爭吵不休。

一八一五年拿破崙於滑鐵盧戰敗之後，列強重新召開會議，此時保守主義和歐洲均勢成為會議中熱議的話題，於是列強訂出「正統、補償」兩大原則做為解決戰後歐洲局勢發展的方針。

正統、補償兩大原則

	正統原則	補償原則
目的	恢復被拿破崙解散的歐洲舊王室（保守主義盛行）	為了維持歐洲均勢
內容	法國、西班牙、葡萄牙、薩丁尼亞和荷蘭的舊王朝一律復辟。 義大利中部歸還教宗統治。 萊因邦聯解散，各邦諸侯復位，另組日耳曼邦聯。	為了均衡歐陸各國勢力，會議重新劃分歐洲版圖，而對過程中損失部分領土的國家予以補償。

維也納會議的影響

一八一五年由俄國沙皇亞歷山大一世發起「神聖同盟」，俄、普、奧共同發表了宣言，呼籲歐洲各國國王，共同遵守基督訓示，彼此團結。

隨後在神聖同盟的基礎上又建立了四國同盟；過去長期與拿破崙作戰的四個國家英、俄、普、奧共同簽訂同盟條約，規定保障彼此共同利益，必要時用武力來維持歐洲和平。

這兩個同盟控制了十九世紀前半葉的國際社會。並且以「正統」和「補償」原則，來防止破壞穩定局勢的動亂出現，是為「歐洲協調」。歐洲各國的勢力均衡得以暫時維持，會後四十年間，沒有大規模的國際戰爭。

雖然歐洲各國希望能削弱法國，但也不希望法國完全軟弱無力。因此維也納會議以後，歐洲政治舞臺上形成各國相互抗衡的局面。而奧國首相梅特涅則扮演「歐洲消防隊長」的角色，專門撲滅各國反抗保守主義的自由火焰。

▲奧國首相梅特涅是歐洲消防隊長

十九世紀前期的歐洲革命

因拿破崙將法國大革命的思想——「自由」與「民主」帶入歐洲各地，因此當維也納會議保守勢力抬頭之後，自由民主與保守主義的意識形態不斷衝突，以至於各國自由革命不斷。

西班牙革命

一八一四年，拿破崙失敗後，其兄長約瑟夫．波拿巴退位，西班牙舊王室斐迪南七世即位。繼位後即刻廢除了一八一二年制定的民主憲法。引起民眾反彈。斐迪南七世在革命發生後，表面答應了恢復憲法，實際上卻向神聖同盟求援。神聖同盟認為維也納體制受到動搖，於是派兵鎮壓，西班牙革命以失敗告終。

希臘獨立運動

希臘地區的基督徒為爭取脫離伊斯蘭信仰的鄂圖曼土耳其統治而發起獨立運動。

希臘的信仰因為與神聖同盟等國家相同，所以得到俄國及法國等歐洲強權的支持，因此希臘成為在東歐、南歐地區唯一革命成功之國家。

法國七月革命與二月革命

七月革命

一八一四年，波旁王朝在法國復辟，路易十八登上王位，為爭取民心，馬上頒布憲法，並承認大革命和拿破崙時代所完成的一些社會改革。

一八二四年，路易十八的弟弟查理十世繼位。轉向保守，並企圖恢復之前貴族、教士被沒收之財產，引起人民不滿，終引發一八三〇年自由主義者的革命，史稱「七月革命」。七月革命使波旁王朝覆滅，與巴黎新興中產階級關係良好的路易腓力被推舉為國王，建立君主立憲的七月王朝。

可惜路易腓力的施政只有滿足中產階級的需求，再加上經濟策略上採取放任自由經濟政策，使得貧富差距擴大，階級矛盾加深；此外當時法國民眾企盼能夠恢復法國過去的光榮地位，但路易腓力採取和平外交政策，使法國人民大失所望。

路易腓力的政策
為了符合自由派需求，對外宣稱尊重 1814 年的憲章。
擴大選舉權，使得男性選民由 10 萬增加到 20 萬，但仍以財產所有權做為基礎。
比利時反抗荷蘭人的統治，宣布獨立，為君主立憲國家，得到路易腓力承認支持。

二月革命

一八三六年以後，七月王朝的路易腓力又企圖專制獨裁，採專斷、高壓手段以控制局面，他以賄賂國會議員的方式，來維持國會多數的支持；並以限制出版與集會的自由，來壓制批評政府的聲浪；下層人民得不到政府進一步開放選舉權的回應，進而要求改革選舉制度，路易．腓力卻告訴人民要有選舉權就要「使你自己富有」，而不願意修改憲法。

至一八四〇年代中期，法國發生嚴重的工農危機，下層人民生活困苦，又得不到政府進一步開放選舉權，他們的憤怒逐漸累積，終於在一八四八年二月推翻七月王朝，史稱「二月革命」。

法蘭西第二共和與第二帝國

自由主義的革命者宣布廢棄君主制，建立共和國，是為法蘭西第二共和。在一八四八年十二月的總統選舉中，路易拿破崙當選為總統。

第二共和時期主要通過了成年男子普選權、取消財產限制，增進人民參政的機會。

一八五一年底，路易拿破崙先藉由公民投票修改憲法，延長總統任期。一八五二年十二月，更進一步恢復帝制，自稱為「拿破崙三世」，建立法蘭西第二帝國。

第二帝國時代，拿破崙三世在內政方面，致力於鞏固國內秩序；在經濟方面，促進工商業的發展，不僅維護中上階級的利益，也積極保障下層勞工的保險措施。在外交部分，拿破崙三世極力爭取帝國的擴張與利益，也因此引發普法戰爭，導致第二帝國結束，政權由共和派人士成立的「第三共和」（一八七〇年到一九四〇年）繼之。

全歐打噴嚏

法國連續兩次革命，不但使法國從專制逐步走向共和，再由共和走回專制。更引爆歐洲其他地區的革命浪潮。

在奧地利爆發自由主義者的示威遊行，迫使保守主義的代表人物梅特涅去職並逃亡國外；日耳曼和義大利等地也發起一波革命，要求制定自由主義的憲法及成立政府，結果雖告失敗，卻也使革命氛圍廣為傳播。

所以各國君主為了適應日益增強的民主潮流，大都頒布憲法，設立國會等。近代歐洲專制與民主的關鍵指標，當推法國為不二人選，因此俗話說得好：「法國一著涼，全歐打噴嚏」。

年代	政體
1814 年至 1830 年	波旁王朝
↓ 七月革命	
1830 年至 1848 年	七月王朝
↓ 二月革命	
1848 年至 1852 年	法蘭西第二共和
↓ 恢復帝制	
1852 年至 1870 年	法蘭西第二帝國
↓ 普法戰爭	
1870 年至 1940 年	法蘭西第三共和

▲法國十九世紀政體演變

美國的兄弟鬩牆：南北戰爭

美國在建國之後發展突飛猛進，但是國家規模快速發展的情況之下，也產生出新的問題：土地分配以及黑奴問題，這兩個問題也讓美國這個新生國家，在十九世紀下半葉初期，爆發了美國史上最嚴重的一場內戰，也就是「南北戰爭」。

美國西部的開拓

美國領土的擴張

在獨立戰爭結束後，阿帕拉契山到密西西比河之間的土地，正式劃歸美國，成為美國政府的公有土地。

十九世紀開始，美國利用各種機會，向西或向南擴張領土（見下表）。

一八六四年後，美國又從英國人手中取得現在美國西北部地區，經過半個多世紀的發展，美國成為一個東臨大西洋，西瀕太平洋的大國。

美國領土的擴張

	第一次擴張		第二次擴張	第三次擴張
時間	1803 年	1812 年	1818 年	1845 年 -1848 年
擴張對象	法國	英國	西班牙	墨西哥
內容	趁法國大陸政策，無法派海軍保護殖民地之際，壓迫拿破崙。	想擴張北方領地，奪取英屬加拿大。	趁中南美洲各地紛紛獨立，西班牙勢力瓦解之際，以清除紅人為藉口，入侵西屬殖民地。	趁墨西哥獨立後國內混亂，發動墨西哥戰爭，占領墨西哥首都。
結果	法國將密西西比河至洛磯山脈的法屬殖民地以 1500 萬美元賣給美國。	爆發美英戰爭，美國失利。	西班牙最終無奈將西屬殖民地賣給美國。	墨西哥割地退讓。
新領土	路易斯安那州	無	佛羅里達州	德克薩斯、新墨西哥、加利福尼亞

美國的西部拓荒精神

在美國領土擴張的同時，一大片處女地等待開發，這些地區稱為「邊疆」。

這些前往邊疆開發的移民，被稱為拓荒者。

拓荒者將開墾完成的土地，以較高的價錢賣給後到的拓荒者，自己便再向西前進開墾，而後方出現越來越多鄉村及城鎮，這就是所謂的「西拓運動」。

這種移動孕育美國人舉止豪放的態度和地方自治的西拓精神。

在這段西部拓荒時期，美國東部居民向西部地區遷移和開發的過程中，雖然促進經濟發展，但同時也破壞當地印第安人的生存環境，使原住民遭到屠殺及被迫遷徙。

這造成日後美國人與印第安人之間，複雜難解的矛盾關係。

黑奴問題

西拓運動也突顯了美國黑奴的問題，美國獨立後因販賣黑奴的不人道，曾頒布過禁止販賣黑奴條例，部分黑奴主解除契約，讓其回非洲西岸，這些黑奴回到家鄉建立了賴比瑞亞共和國。

但能夠回到非洲的黑奴仍是少數，大批留在美國的黑人，仍過著慘無人道的奴隸生活。

南北戰爭發生的原因

美國南北戰爭的發生，主要在於南北雙方在經濟利益、解放黑奴與政治見解等問題上，均產生歧見所致。

南北經濟利益的衝突

在北方，經濟走向工業發展，工廠普遍建立，農業機械的廣泛使用，促進工商業和農業發展。資本家主張保護關稅，以抵制外國貨物輸入。

在南方，以黑奴為基礎的農業經濟，也因英國在工業革命後，需要大量棉花及其他原料而獲得迅速發展。地主需要廉價的工業品，因此主張自由貿易。

此外，北方要發展工業需要的就是原料和勞動力，南方各州豢養黑奴等於是將大批便宜的勞動力鎖在南方各州，再加上南方各州把便宜的棉料賣到歐洲大陸，等於斷絕了北方原料的輸入，於是雙方經濟利益的矛盾更加嚴重。

解放黑奴的爭執

在美國獨立之初，不論南北都蓄養黑奴。

南部各州因英國大量棉花需求，加之軋棉機的發展等，棉花產業越發興盛，因此主張輸入更多黑奴。

然而北部各州，由於新式工廠、商店的發展不需要大量的黑奴，加上人道主義的盛行，因此主張解放黑奴。

政治見解的差異

在政治立場上，北方主張建「自由州」，南方主張建「蓄奴州」，雙方欲拉攏西部新建各州，以爭取在國會的控制權。

> **爭奪國會控制權**
>
> 美國的最高立法機構是國會，由參議院和眾議院組成，參議員由各州議會選出，每州兩人。眾議員則根據各州的人口比例選出，眾議院通過的法案需經由參議院同意後才能成為法律。換句話說，如果新建立的州是支持蓄奴的，那麼南方的勢力在國會中就會變大，反之北方也是如此。

後來北方勢力在聯邦政府中占上風，廢奴成為中央政府的立場；主張奴隸制的南方則藉伸張地方自治權為訴求，使南北黑奴存廢之爭又延伸為中央地方政治權力之爭。

南北戰爭的爆發與影響

導火線

密蘇里妥協方案

美國在西拓的過程中，不斷有新的州加入聯邦，為了平衡南北雙方在國會中的勢力，一八二〇年達成的一項協議，其主旨在於規範在西部新領土上所建各州的蓄奴行為。

該協議規定，在原路易斯安那州土地上新建的各州中，除密蘇里州之外，雙方以北緯三十七度為界線，以北為「自由州」，以南方則為「蓄奴州」，這就是所謂的「密蘇里妥協方案」。

堪薩斯州濺血事件

然而這項協定並未能夠真正地避免雙方的衝突，一八五五年又爆發了「濺血堪薩斯」事件。

因為堪薩斯州橫跨北緯三十七度南北，境內對於要歸屬「自由州」或是「蓄奴州」爭執衝突不斷，最後終於爆發流血事件，這次的衝突被視為南北戰爭爆發的導火線。

戰爭的爆發

一八六〇年，主張廢除奴隸制度的共和黨黨人林肯當選總統後，南方七州於一八六一年二月成立美利堅邦聯，由戴維斯出任總統，宣布脫離聯邦。

林肯就任後，力圖和解，避免分裂，但遭拒絕。同年四月南北戰爭爆發，雖然當時北方占有人數及經濟上的優勢，但由於南軍總司令——羅伯特·李將軍驍勇善戰，使得北軍節節敗退，因此戰爭持續了四年（一八六一年至一八六五年）。

林肯於一八六三年一月一日頒布解放奴隸宣言，並且宣布武裝黑奴，使大量黑奴加入北方軍隊，甚至有南方逃亡的黑奴加入北軍，這批黑人軍隊戰鬥是最強的，管你羅伯特．李將軍再厲害也沒用，這些黑人上了戰場就是拚命衝鋒陷陣，之前我的奴隸主抽我三鞭子，現在就要回捅他五刺刀。

北方在黑奴部隊的奮戰之下終於扭轉了戰局，此外由於奴隸紛紛逃亡，造成南方農場經濟的瓦解，一八六五年四月，南軍宣布投降，美國內戰結束。

▲頒布解放奴隸宣言的美國總統林肯

南北戰爭的影響

南北戰爭對美國具有決定性的影響。政治上，由於北方勝利，美國奠定統一的基礎。經濟上，北方中產階級的獲勝使美國工商業的發展更加迅速。社會上，黑人獲得人身自由，雖然仍處處受到白人的歧視，但黑奴制在美國被永遠廢除了。

北方政府解決了土地問題，並且維護了國家統一，使得美國資本主義在戰後迅速發展，成為強大的國家。

羅伯特．李將軍

李將軍為美國國父華盛頓的孫女婿，維吉尼亞州的奴隸主，一八五二年出任西點軍校校長，如此家世顯赫又身經百戰的司令，難怪北軍會難以應付。

北軍只要對上李將軍的維吉尼亞軍團，幾乎戰無不敗，北軍的陣勢一展開，李將軍立刻知道他們下一步動作，為何？因為這些都是他上課時候教的。

德國與義大利的統一運動

從十八世紀末到十九世紀中葉，浪漫主義與民族主義互相激盪，以及法國大革命帶來的思想傳播，都使得歐洲各國以獨立及統一為訴求的政治風潮更加鼎盛。

浪漫主義

若要談到德國與義大利的統一，就必須先提到兩國的民族主義，但若是要了解十九世紀民族主義的形成，就必須先明白甚麼叫做浪漫主義。浪漫主義其實是一種對十八世紀啟蒙運動的反動。

由於受到十八世紀末法國大革命、恐怖統治以及拿破崙戰爭的影響，使得歐洲人開始反思，人類真的都是理性的動物嗎？抑或是人類的內心也是一種感性的生物？

他們認為在感性的範圍內，每個人對於世界、自然的反應是極為主觀、富於創造力的，因此他們一反過去啟蒙時代尋求人類普遍性的通則，改為追求每個個人情感的抒發，突顯個人和民族的特色，鼓勵各國人民追尋自己的歷史，並推崇過去的純樸美好。

民族主義的蓬勃發展

十九世紀歐洲的浪漫主義思想因為主張各民族有其獨特的民族性，是一種對民族、人種、國家有強烈認同的意識形態，由其歷史文化與風俗習慣發展而來，故更加助長了民族主義。

受到這些觀念影響，德國哲學家費希特發表〈告日耳曼同胞書〉，指出每個民族都有自己的民族精神，號召日耳曼人在普魯士的領導下團結起來。

此宣言激發了日耳曼人的民族主義，被視為是因浪漫主義而發展成民族主義的例子。且隨著拿破崙四處征戰，也刺激了歐洲各國的民族主義發展。

從十八世紀末到十九世紀中葉，浪漫主義與民族主義互相激盪，以及法國大革命帶來的思想傳播，都使得歐洲各國以獨立及統一為訴求的政治風潮更加鼎盛。

義大利的統一

義大利統一思想的形成

義大利長久以來處於分裂狀態，雖在拿破崙時代曾出現一統的義大利王國，但拿破崙帝國瓦解後，維也納會議將一度統一的義大利分割得四分五裂，因而被梅特涅譏笑為只是一地理名詞。

因此義大利的民族主義者，一直夢想恢復義大利在古羅馬和文藝復興時代的輝煌地位。要達到這一目標，義大利必須成為一個統一的國家。如馬志尼組織的青年義大利黨，即喚起民族意識，掀起廣泛的復興運動。

義大利的統一三傑

當歐洲召開維也納會議討論拿破崙時代結束後的歐洲問題時，義大利這無主權掌控的地區成為奧國覬覦的目標。

奧相梅特涅巧妙的運用補償原則瓜分了此地區的土地，將義大利畫分成幾個政治區塊，除薩丁尼亞與教皇國外，其餘皆由外國控制。奧國除控制倫巴底及威尼西亞外，還與兩西西里王國訂有攻守同盟條約。因此奧地利成為義大利統一的最大障礙。

馬志尼

一八三〇年，馬志尼因愛國熱情的激勵，加入秘密組織燒炭黨，透過暗殺奧國政要的方式，希望建立一個自由而統一的義大利；起事失敗後，馬志尼於一八三一年在馬賽成立青年義大利黨，鼓吹民族主義來推動義大利人的覺醒，並重建義大利為獨立國家，成為喚醒義大利民族主義的重要人物。

名君

一八四八年後薩丁尼亞頒布憲法建立國會，實施君主立憲，遭到奧國的鎮壓。

對奧戰爭失敗後，薩丁尼亞國王伊曼紐二世，仍拒絕解散國會及取消憲法，因此被稱為「最誠實的國王」。在義大利發生革命失敗，民眾就將義大利的統一希望寄託在薩丁尼亞王國國王伊曼紐二世的身上。

名相

另外一位促成義大利統一的靈魂人物，就是薩丁尼亞首相加富爾。

加富爾一方面加強經濟與軍事建設，另一方面利用外交政策，先參加了克里米亞戰爭，取得與英、法兩國的同盟關係。透過這次戰爭的機會與拿破崙三世秘密會晤，薩丁尼亞以薩伏依、尼斯兩地割讓給法國作為條件，換取與法國之間的軍事同盟。在一八五九年薩奧戰爭中，聯合法國打敗奧國，並取得北部的倫巴底，大致完成義大利北部的統一。

名將

一八六〇年，義大利民族英雄加里波底展開義大利南部的統一運動，率領「紅衫軍」攻取西西里島，完成義大利南部的統一。

▲義大利民族英雄加里波底

加里波底的部下原本欲擁立他在義大利南部稱王，但他希望義大利統一的願望，遠大於稱王的欲望，最後在加富爾說服下，將所征服的土地獻給伊曼紐二世。

至此，除威尼西亞和教皇國外，義大利統一大業基本完成。一八六一年，義大利王國成立，伊曼紐二世為首任國王，首都則選擇在原薩丁尼亞的首都杜林。一八六六年的普奧戰爭，義大利是普魯士的盟友，成為勝利的一方，從而使義大利取得威尼西亞。一八七〇年的普法戰爭中，法國撤出在羅馬的駐軍，隨後義大利王國遷都羅馬，完成統一。

德意志的統一

中世紀以降，日耳曼地區境內有三百多個各自獨立的小邦，各有各的軍隊、旗幟、關稅、法律等。拿破崙時期（一八〇六年到一八一五年）將日耳曼三百多邦合併為三十多邦，成日後日耳曼統一的基礎。

日耳曼民族的統一思想

一八一八年，普魯士倡組關稅同

盟，日耳曼因而奠定經濟統一的基礎，但政治上仍處於小國林立的局面。

一八四八年法國二月革命後，革命風潮影響所及，日耳曼的民族主義者欲追求國家統一，於是將希望放在普、奧兩國身上。

但奧地利是個多民族帝國，若成為日耳曼的統一者，境內其他民族將爭取獨立。因此，日耳曼民族主義者改將統一大業寄託在以日耳曼人占多數的普魯士王國身上。

日耳曼民族主義的推動

學生們組織「少年同志會」鼓吹國家統一與費希特於柏林大學發表著名的《告日耳曼同胞書》，宣揚民族主義。

德國的統一三傑

名君

威廉一世年少時曾參與反拿破崙戰爭，軍旅生涯和外交資歷，讓他具備處理國家大事的能力，即位之後快速穩定國家運作，但與國會之間仍無法合作，於是任命保守派的俾斯麥為首相。

名相

一八六二年，普魯士國王威廉一世任命俾斯麥為首相。根據普魯士憲法，首相只需聽從國王，不需理會國會，於是俾斯麥握著內政和外交的實權，展開大刀闊斧的革新計畫，對外發動多場戰爭，後來俾斯麥不顧國會反對，執意推行擴軍計畫，是為「鐵血政策」。他的擴軍計畫使普魯士的軍力大增，日耳曼統一也的確透過鐵血政策才得以實現。

俾斯麥還運用外交手段，爭取友邦，孤立敵國，待時機成熟，利用三次戰爭，完成德意志的統一大業。

統一戰爭

首先是一八六四年的丹麥戰爭，由普、奧聯手擊敗丹麥，奪取日耳曼人居多數的什列斯威與好斯敦；奧國分得好斯敦，普魯士分得什列斯威。普國利用這兩地的歸屬分配問題，埋下與奧國爭執的種子。

其次是一八六六年的普奧戰爭，俾斯麥採取孤立奧國政策，要求法國拿破崙三世採取中立的立場；並與義大利簽訂密約，以威尼西亞作為交換，共同與奧作戰。

隨後俾斯麥以奧國違反諾言為藉口，派兵進攻好斯敦，迫使奧國對普魯士宣戰。普魯士迅速擊敗奧國，於戰後迫使奧國解散日耳曼邦聯，另由普魯士組織「北日耳曼聯邦」，儼然成為日耳曼地區的新領導者。

決戰對象則是法國，由於普魯士積極擴張領土，北日耳曼聯邦組成後，南部尚有四邦受到法國拿破崙三世的阻撓。一八六八年俾斯麥又介入西班牙王位繼承紛爭，利用西班牙王位問題激起法國憤怒。

終在一八七〇年爆發普法戰爭。此時日耳曼南部與北日耳曼聯邦結盟，並在色當戰役擊敗法軍，拿破崙三世被俘，法國第三共和成立。

一八七一年，各邦王公齊集巴黎，普王威廉一世在凡爾賽宮加冕為德國皇帝，德意志帝國宣告成立。普法戰爭結束後，法國割讓亞爾薩斯和洛林給德國，並賠款五十億法郎，威廉一世在凡爾賽宮登基：挑起德法歷史仇恨，一直延續到二次大戰的納粹德國。

●義大利與德意志的統一比較

		義大利	德意志
統一前	拿破崙統治	征服義大利半島，將其統一管理。	將日耳曼三百多邦合併為三十多邦。
	維也納會議	義大利回到四分五裂狀態	組成日耳曼邦聯
	推動統一團體	燒炭黨、青年義大利黨	少年同志會
過程	國家	薩丁尼亞	普魯士
	君主	伊曼紐二世	威廉一世
	首相	加富爾	俾斯麥
	阻礙	奧國、法國	奧國、法國
	國際戰爭	薩奧戰爭、普奧戰爭	丹麥戰爭、普奧戰爭、普法戰爭
統一	時間	1870 年	1871 年
	政體	君主立憲	君主立憲

中南美洲的獨立運動

造成中南美洲獨立運動開展的原因，主要是被統治階級，長期對西班牙專制政體的不滿，以及美國獨立、法國大革命等民主思想的傳入。

被壓榨的人民

新航路開闢後，西班牙和葡萄牙殖民者最先侵入中南美洲，一直到十九世紀初，西、葡仍是中南美洲的主要殖民國家，使中南美洲人民飽受殖民壓迫之苦。

拉丁美洲的社會階級中，統治權操於「半島人」手中，掌有經濟權的土生「克里奧爾人」無法分享。

其他的麥斯提佐、印地安及黑人，不論在政治、經濟上都毫無權力，甚至是被壓榨的。

半島人

「半島人」指的是來自於伊比利半島的統治者，「克里奧爾人」指的是在美洲出生的土生白人，「麥斯提佐人」指的是在美洲大陸的混血兒。

中南美洲獨立革命運動

獨立運動的原因

造成獨立運動開展的原因，主要是被統治階級，長期對西班牙專制政體的不滿，以及美國獨立、法國大革命等民主思想的傳入；再加上一八〇八年拿破崙派兵入侵西班牙後，將「半島人」對中南美洲權力臍帶切斷。

英國恐懼拿破崙會將其勢力延伸到中南美洲，便鼓勵中南美洲起而獨立。

早在十八世紀末，法國殖民的海地，首先點燃民族獨立運動的烈火。經十餘年征戰，於一八〇四年建立起中南美洲第一個黑人國家。

墨西哥獨立戰爭

十九世紀初，中南美洲各國趁西班牙遭拿破崙進軍，無暇顧及殖民地之時，紛紛展開獨立運動。一八一〇年伊達爾哥敲響了墨西哥當地教堂的大鐘，號召印第安人起義，史稱多洛雷斯呼聲，象徵墨西哥獨立戰爭的開始。

一八一一年一月，伊達爾哥率軍與西班牙軍在瓜達拉哈拉城外交戰，兵敗犧牲，不過隨後墨西哥在一八一二年終於獨立成功。

解放者玻利瓦爾

另一位被譽為「解放者」的玻利瓦爾，於一八一三至一八二二年領導多次獨立運動，始得大哥倫比亞共和國建立；後分裂為委內瑞拉、哥倫比亞及厄瓜多三個國家；玻利維亞的名稱就是為了紀念玻利瓦爾命名的。

獨立後的挑戰與門羅主義

一八一四年拿破崙第一次戰敗之後，歐洲列強召開維也納會議，依照「正統」與「補償」的原則，恢復被拿破崙消滅的西班牙及葡萄牙舊王室，並支持西葡勢力重返拉丁美洲。此時才剛剛建國的拉美各國，恐怕又再度面臨遭到歐洲國家殖民的命運。

英、美的支持

英國為維持在中南美洲的經濟利益，故聯合美國反對歐洲列強干涉中南美洲獨立。

另一方面，美國總統門羅聽聞歐洲列強準備協助西班牙收復美洲殖民地。便在一八二三年的國情咨文裡，宣稱「美洲是美洲人的美洲」，歐洲列強不得再來干涉美洲事務，而美國亦不干涉歐洲事務，此即為「門羅宣言」。

中南美洲國家遂在美國支持下，紛紛獨立成功。此外，「門羅宣言」的內容中也提到，美國不會干涉歐洲的事務，因此「門羅宣言」被視為美國的「第一次孤立主義」。

日後美國甚至為了中南美洲而與西班牙衝突頻傳，如一八九八年的美西戰爭，美國擊敗西班牙後，西班牙放棄古巴，古巴獨立。關島、波多黎各、菲律賓等殖民地也歸美國，美國除了拓展勢力範圍以外，也干涉並影響了中南美洲國家的獨立。

「巨棒政策」和「金援外交」的影響

巨棒政策

美國提出「門羅宣言」的目的，其實是要為日後獨霸中南美洲創造有利的條件，並藉此將中南美洲納入自己的勢力範圍，不准歐洲勢力插足。最後在「美洲是美洲人的美洲」的旗號下，順理成章的將美洲變成「美國人的美洲」。

然而美國又如何將勢力深入拉丁美

洲呢？這就必須介紹這一位美國總統——狄奧多．羅斯福（又稱為老羅斯福）。

一九〇四年，老羅斯福總統為門羅主義作補充，聲稱任何拉丁美洲國家若犯錯，美國可以干涉其內部事務。

老羅斯福以此擴大了門羅主義範圍，並建立拉丁美洲的主導權，包括占領波多黎各、控制古巴政治經濟、調解國際事務。

▲老羅斯福的外交政策為巨棒政策

他曾說：「講話溫和，手持巨棒，就能夠成功。」因此其外交政策被稱為「巨棒政策」。

最著名的例子就是，美國先以軍事力量支持巴拿馬脫離哥倫比亞獨立，再取得於巴拿馬開鑿運河的權力。一九一四年巴拿馬運河開通啟用，縮短太平洋和大西洋聯絡的路程，使美國東西兩岸的商業及國防交通時間大為減少，直到二十世紀末美國才將運河主權交還巴拿馬。

金援外交

繼老羅斯福之後，塔夫特總統改變傳統暴力的手段，反而以優厚的經濟勢力，向拉丁美洲各國從事經濟侵略，稱為金援外交，藉以獨占各國生產及交通事業，控制各國財政，將拉丁美洲當做美國的經濟殖民地，因而激起了反美情緒。

美國成功的經濟滲透模式，開啟不直接軍事占領的殖民模式，此一作法也改變了英國日後對待殖民地的經營方式。

美國培里的黑船讓日本長大了

一八五三年美國培里率軍艦叩關，要求日本開港通商。德川幕府在砲艦威嚇下，翌年被迫簽訂日美親善條約（又稱神奈川條約），開放商港，准許美國派駐領事，此一事件就被稱為「黑船事件」。

早期的日本

日本的歷史最早可以追溯至西元前六六〇年神武天皇時代，約當中國的齊桓公時期；然而因為沒有明確的文字記載流傳，因此只能視為傳說時期。

有正式官方記載的時代，則是出現在漢武帝時期，扶桑使者來朝的記錄，到了東漢光武帝時，位於九州島上的犬奴國與倭奴國兩大部落內戰，倭奴國遣使東漢尋求協助，當時倭奴國給光武帝上貢了十個竹竿、十捲麻布和十名奴隸，雖然中國並不希罕這些貢品，但是中國彼時以天朝上國自居，自然不能虧待這遠道而來的友邦，因此冊封為漢倭奴國王，並授予金印。

曹魏明帝時，本州島上的大和族，建立邪馬臺王國，他們的女王卑彌呼被封為「親魏倭王」。

隋煬帝時期推古女王當政，其弟聖德太子進行改革，並派遣使者小野妹子（男）來朝見隋煬帝；唐代時日本孝德天皇，推動大化革新（唐化運動），派遣大量的留學生跟學問僧來華，這些人被稱為遣唐使。

唐化運動期間，學習的內容包含了：宗教、儒學、文字、茶、建築等，幾乎百分之百複製了當時中國的文化，可惜中唐以後因為中國內部戰爭不斷，因此結束了兩國的交流活動。

幕府時期的日本

十二世紀末開始，日本進入軍人長期執政的時代，軍事強人以成為征夷大將軍為目標，開設軍人最高指揮機構「幕府」，並且掌握最高政權。此時的天皇大權旁落在幕府將軍手中。

幕府時代的社會結構，分為（武）士、農、工、商四個階級，而且身分世襲；其中以武士的地位最高，武士階級中地位最高的是大名（地方諸侯），受幕府將軍節制，卻可私募武力，對中央政府也是叛服無常，所以此時期的日本仍然處於封建社會的局面。

日本三個幕府政權		
鎌倉幕府	源頼朝	1185–1333 年
室町幕府	足利義滿	1338–1573 年
江戶幕府	德川家康	1603–1868 年

明治維新前的日本

明治維新前的日本存在了三個問題，階級衝突、虛君制、鎖國政策。

階級衝突

武士階級成為四民之中的最高階級，然而大地主及大商人即使富甲一方，家財萬貫，遇到窮酸落魄的武士，仍需要禮讓三分；甚至武士可以隨時斬殺路邊的賤民，因此社會衝突加劇。

虛君制度

日本幾千年來，天皇親政僅僅只有兩百年左右的時間，因此為日後明治維新的君主立憲，提供有利的背景，中國為何不易形成君主立憲的局面，是因為中國幾千年來皇帝都是大權在握，自然不願意把自己的權力跟人民分享；然而日本的虛君制度反而有利於君主立憲的完成。

鎖國政策

日本的德川幕府為防堵天主教傳布和諸侯與西方展開貿易，於一六三三年起頒布「鎖國令」，施行鎖國政策，只開放長崎一埠，給中國、朝鮮和荷蘭貿易。

由於中國與日本具有悠久的文化關係，朝鮮則是因為鄰國關係，而荷蘭則是在大航海時代到東方的歐洲強權，一方面與日本進行貿易，一方面也將西洋科學技術傳入（稱為蘭學）。日本幕府也透過荷蘭人的航海日誌（日本人稱為「風說書」）來了解世界局勢。

日本的明治維新

導火線

一八五三年美國培里率軍艦叩關，要求日本開港通商。德川幕府在砲艦威嚇下，翌年被迫簽訂日美親善條約（又稱神奈川條約），開放商港，准許美國派駐領事，此一事件就被稱為「黑船事件」。

而後，英、荷、俄、法相繼前來，簽訂安政條約（又稱五國條約），日本因而喪失關稅自主權與治外法權，西方勢力源源進入。

過程

外力衝擊使日本推翻幕府的聲浪高升，進而促使「尊王攘夷」的行動展開，但是經過一系列義和團式的攘夷行動（仍用武士刀硬拚西方人的步槍大砲）失敗之後，日本決定向中國取經，學習「尊王攘夷」的方法，於是一批改革志士搭乘千龍丸號抵達上海，但在中國看到的卻是西方人的強大，以及過去被日本視為老大哥的中國人，在歐洲人面前是如此的衰弱不堪，因此改變了想法，從攘夷變成了師夷。

地方諸侯逐漸醞釀倒幕運動，要求天皇親政，「長州藩」、「薩摩藩」、「土佐藩」、「肥前藩」四大強藩形

▲黑船事件改變了日本的命運

成倒幕派，與幕府派進行了歷史上非常有名的「戊辰戰爭」，最終導致末代幕府將軍德川慶喜於一八六七年宣布取消幕府，「大政奉還」明治天皇，結束近七百年的幕府統治，是謂「王政復古」。一八六八年，明治天皇展開明治維新運動。

內容（以「脫亞入歐」為目標）

明治維新的基本精神即是明治天皇頒布的「破除舊有之陋習」，與「求知識於新世界」。

人物

明治時代銳意西化，一些有志之士親身至西方觀察體驗，提出改革意見，可以分為「前三傑」、「後三傑」。還有明治維新的總工程師福澤諭吉和第一任首相伊藤博文。

三菱財閥

岩崎彌太郎。三菱財閥的奠基者，在政府支持下獨霸日本的海運事業。有些人不滿其壟斷行為稱其為國賊，彌太郎則反駁：「如果三菱是國賊的話，那就把三菱的船都燒掉吧，看日本是否還能支撐下去。」

明治維新代表人物

前三傑	吉田松陰、坂本龍馬、高杉晉作
後三傑	大久保利通、西鄉隆盛、木戶孝允
總工程師	福澤諭吉
首任首相	伊藤博文

廢藩置縣、四民平等

將舊有的藩國廢除，改設由中央政府控制的府縣，全國分為一都（東京都）一道（北海道）一府（大阪府）七十二縣，官員由中央任命，以防止封建藩國復甦，將地方權力收歸中央政府。

同時改革身分制度，廢除武士階級，分為皇族、華族（大名）、士族（武士）、平民（其他）；提倡四民平等，平民可與華族、士族、卒等通婚，並可自由選擇職業。

土地私有、殖產興業

土地私有制度使得農業生產增加了三分之二，殖產興業策略使得工業生產增加五倍，國民所得更成長了三倍。

日本政府大量投資財閥，如三菱財閥，並在官商互惠的原則下，創立日本郵船會社，做為對外侵略的運輸大本營；另外，則投資八幡鋼鐵廠，發展鐵路、電話、電報系統，作為擴張海軍的基礎。

這種「日圓與刀」的結合，是日本西化的結果，資本主義加上新帝國主義的精神合流，成為對外侵略擴張的兩大動力。

出國考察、發展教育

明治時代銳意西化，一些有志之士親身至西方觀察體驗，提出改革意見，福澤諭吉遊歷歐洲，提議學習歐美的憲法政府與現代教育。他醉心於西方文化，認定東方文明落後野蠻，因而提出「脫亞論」，呼籲放棄中華思想的儒家精神，學習西方文明。他的脫亞入歐理論，對日本向亞洲侵略擴張產生相當的影響。

另外岩倉具視的考察團到達歐洲時，對西方教育及建設的進步大感驚訝，因此有「始驚次醉終狂」的讚嘆，回國之後積極發展義務教育，在一九〇四年日俄戰爭時已完成六年國教，一九三一年九一八事件時已完成九年國教，國民整體素質大幅提升。

君主立憲、廢除不平等條約

伊藤博文曾在明治政府中扮演起草憲法、制定行政管理體系的角色。一八八五年他建議政府實行內閣制，成為首任內閣總理大臣。一八八九年明治政府公布憲法，他從德國取經，明定三權分立，但內閣總理大臣只對天皇負責，主權仍在天皇。次年，日本召開國會，走上憲政之路。並且開始與列強簽訂平等新約，擺脫任人宰割的命運。

成果

「黑船事件」改變了日本的命運，也打開了日本人的新視野。所以後世的日本人並不仇視培里，反而視其為促使日本革新富強的恩人，因此國內有「北米合眾國水師提督培里上陸處」的紀念碑和九月三日的黑船祭慶典。

明治維新運動的成功，主要在於對內利用「王政復古」的旗幟，改革教育，革新國內封建體制，並推動富國強兵、興建實業的新政策，奠定近代國家的建設。

對外則採取參與國際社會，以提高國家地位。在「商業民族就是狩獵部族」的旗幟下，積極向外擴張發動「牡丹社事件」，之後併吞琉球；甲午戰爭之後，又併吞了朝鮮。日本又訂立所謂「大陸政策」，主要目標就是西進中國。

經過明治維新之後，日本搖身一變成為亞洲的老大，也成為新一代的帝國主義者。

達爾文的「進化論」與新帝國主義的發展

進化論本是生物學上的一種專門學問，後經許多生物學家的宣傳，在歐美國家造成深刻的影響，認為人類社會也無法脫離演化論的原則，強者獲得勝利，弱者遭受淘汰。

進化論的宣傳

一八五〇年第二次工業革命展開之後，資本家財富迅速膨脹，在社會上呈現一片欣欣向榮的局面。

但資本家事業迅速擴張同時，也造成嚴重的社會問題；產生嚴重的勞資對立與貧富不均現象。社會學者紛紛提出新的社會理論，希望能夠平衡日益擴大的財富差距。

然而無論是溫和的社會主義學派或是激進的馬克思主義學派，都只是提出解決問題的方式，而沒有明確解釋問題的本質。

社會主義學者斯賓賽依照達爾文的《進化論》物競天擇的基礎，創造出「社會達爾文主義」。

進化論本是生物學上的一種專門學問，後經許多生物學家的宣傳，在歐美國家造成深刻的影響，認為人類社會也無法脫離演化論的原則，強者獲得勝利，弱者遭受淘汰，為人類社會無法避免的法則，優勢民族本就該領導弱勢民族，甚至消滅低等民族。

新舊帝國主義的區別

十六世紀以來的舊帝國主義，主要是透過海外貿易及奪取他國貴金屬的方式來增加財富，以經濟掠奪為目的，

▲達爾文的進化論

領土占領、直接統治為重心。

而新帝國主義的本質則是利用工業革命的經濟力量為主要手段，同時結合政治、軍事、文化思想的力量，向外開拓殖民地，並多以港口為起點，劃分勢力範圍，簽訂不平等條約與取得貿易特權，因此在全球的權力版圖上扮演了舉足輕重的角色。

過去舊帝國主義國家，向外擴張時是以農業強國的姿態入侵農業弱國，因此許多傳統的農業國家仍能以閉關自守的方式，保有其獨立的地位；但是到了新帝國主義國家，向外擴張時則是以工業強國的姿態入侵農業國家，因此這些農業大國也難以獨善其身了。

新帝國主義的背景

新帝國主義的形成有以下原因：

工業資本主義與科技進步

在工業資本主義影響下，歐美各國積極向外尋找原料、廉價勞工與廣大市場，以滿足大量生產。

這些新需求驅使歐美新帝國主義者，把魔掌伸向工業較落後的非洲與亞洲。

工業資本主義不斷發展，電力和石油逐漸取代蒸氣為主要動力，機械、鋼鐵工業的急遽發展與內燃機的發明、新式火藥的應用，成為歐美新帝國主義國家富強的基礎，軍事力量遠勝亞非各國，在海外殖民地的競爭中，幾乎戰無不勝。

民族主義高漲

歐美民族國家興起後，各國以擴張國家力量與國家利益為首要任務。在追求民族國家利益的推動下，如英、法、德、俄、比、美等國爭相往海外擴張殖民地。

政治戰略的動機

新帝國主義國家向海外擴張，地緣政治相當重要。一方面因為某些殖民地在世界海岸線上據有戰略性位置（如南非的好望角）；另一方面則可為商船和戰艦提供港口與補給站。支持新帝國主義者即鼓吹要先占有殖民地，並防止落入競爭者的手中。

社會達爾文主義的影響

達爾文進化論「適者生存」的說法深入人心，並被用於解釋人類的發展，稱為「社會達爾文主義」。這套理論甚至被新帝國主義者曲解成「強者生存」，強調國與國的競爭，勝者即是最適合生存的一方，為其對外侵略提供一套理論根據。

文化的使命感

英國詩人吉卜林在其詩篇中充滿種族主義的優越感，大聲呼籲同胞負起

「白種人的負擔」，認為教化歐洲人以外的落後民族是白種人的責任。

這種論調也激起基督教的迴響，傳教士以深入蠻荒地區傳布福音為天賦使命，使得新帝國主義者都有一套合理其侵略行為的說法，如法國、美國、德國亦提出類似的文化概念，成為新帝國主義對外擴張的基本論調。

新帝國主義的影響

文化的侵略

「新帝國主義」發生在西方民族國家體系完成以後，是強權政治的世界性表現。也是歐洲現代化以後的實力展現、權力追求與全球性西化的推動。

新帝國主義除了顯露人性中征服、控制與競爭的本性，也是「文明」後的國家擴張行為，它的外表溫文，但還是狼吞虎嚥。新帝國主義者在本國高喊民主自由革命的真諦，並認為自身的政治體制是先進於其他民族的，因而致力於將本身的文化及觀念灌輸在其他國家的身上。

因此在新帝國主義國家的擴張行動上，除了傳統的經濟侵略之外；還帶著文化優越意識，富於民族主義氣息，充滿政治性的意圖。

今人不論從政治、經濟、文化各因素去解釋新帝國主義的出現，均顯示它是一個「現代文明現象」，而不是單純的霸權行為，或人類本性問題。

白種人的負擔

吉卜林是著名的新帝國主義鼓吹者，一九〇七年獲頒諾貝爾文學獎。美、西為爭奪菲律賓而開戰時，他發表《白種人的負擔》，呼籲同胞肩負起白種人的責任。詩的前兩節充分表露了新帝國主義者以擴張侵略為天賦使命的心態。

亞非地區的政治轉變

西方帝國主義的侵略激發亞非地區的民族主義意識，並引發其對人權與民主政治的重視，這些觀念正是傳統東方文化中較弱的一環；為求解脫西方強權的欺壓控制，國家的主權、民族的尊嚴、人的基本權利，開始被革命者與知識分子所宣揚，一個類似西方的啟蒙運動及革命運動，乃在東方世界開展。

這種運動不僅在向西方霸權抗爭，亦在向其自身傳統求解放。例如十九世紀後期以來「新土耳其運動」、埃及的獨立運動、印度的建國運動、日本的明治維新與中國的革命運動，率皆如此。

然而受西化愈深者，其接受西方意識型態與價值觀的傾向就愈重，因此新帝國主義除了為亞非地區的殖民侵略，也帶來亞非地區民族的解放。

黑暗大陸的發現與列強瓜分非洲的殖民活動

十九世紀新帝國主義國家由於需要大量勞動力，因此看上非洲充足的人力資源。紛紛在非洲進行殖民侵略，英、法、德、義、比均加入競爭非洲的行列。

奴隸貿易的形成

奴隸海岸

地理大發現之後，歐洲列強開始對中南美洲進行殖民活動，由於歐洲人在中南美洲開採礦產、種植經濟作物，需要大量勞動力，因此看上非洲充足的人力資源。

歐洲的販奴商與土著酋長合作，在西非沿岸獵捕黑奴以謀取暴利，沿海的達荷美人和阿散蒂人侵入內地買來奴隸，他們是以犧牲鄰邦來獲利的，使當地被稱為奴隸海岸。

估計總共有四千萬的非洲人在非洲大陸內地遭到生擒，其中大約一千萬人最終勞動在新世界的種植園內。

然而，往往販賣奴隸的非洲酋長，用一整個村落的黑人壯丁，也只能從歐洲人口販子手中換得一顆玻璃彈珠。

英國奴隸貿易的禁止

英國是著名的黑奴貿易國家，以利物浦港為例，一七九五年到一八〇四年間就載運了三十萬名以上的黑奴。

而到一八〇七年時，英國國會通過廢除奴隸貿易法，率先以法律手段制裁奴隸買賣。一八二〇年英國與西班牙簽訂公約，禁止奴隸交易，但違約情況屢見不鮮，許多奴隸船依舊在大西洋來去自如。

黑暗大陸的開發

十八世紀前，由於沙漠阻隔的關係，所以使得歐洲人對非洲內陸了解甚少，因而將中部非洲稱為「黑暗大陸」；至十九世紀時，俗稱金雞納霜的奎寧被證實能有效治療瘧疾，歐洲人才開始放心進入非洲探險。

著名的英人李文斯頓藉著傳教與醫療進入非洲東南部，深受非洲人擁戴。他相信如果英國征服非洲，就能結束奴隸貿易。

一八五四年李文斯頓與數十位黑人組成一支探險隊，進入中非內陸地帶探險，他每到一個部落，都盡力去學習當地的語言，一生致力向非洲土著傳揚基督教，並在非洲大陸各處設立佈道會，當戰爭來到時，設立難民營並從從販奴人手上拯救黑奴。但在金礦、鑽石、橡膠等經濟利益掛帥下，非洲仍是歐洲列強必爭之地。

之後傳言李文斯頓在非洲失蹤，美國記者史丹利以救援李文斯頓為名，組成一支探險隊，在一八七一年也進入中非內陸探險。

史丹利尋找過程中發現剛果盆地為一肥沃處女地，極具開發之價值。因此與比利時國王利奧波二世合作成立國際剛果協會，誘騙酋長簽約，奪得剛果流域平原，掀起非洲大獵風潮。

非洲大獵

十九世紀新帝國主義國家紛紛在非洲進行殖民侵略，英、法、德、義、比均加入競爭非洲的行列。

南非的殖民侵略

十九世紀初，英國派遣三十萬大軍，與原先移民至此的荷蘭人作戰。此戰就是「布耳戰爭」，荷蘭戰敗之後，英軍俘虜數十萬婦女幼童，並囚禁於集中營，其中有兩萬人死於集中

▲瓜分非洲的歐洲列強

營。

英國從荷蘭人手中奪取了非洲南端的海角殖民地後，又在南非北邊發現鑽石，於是進一步向北侵略，最終將南非納為殖民地。

蘇伊士運河的開鑿

蘇伊士運河處於埃及西奈半島西側，橫跨蘇伊士地峽，處於地中海側的塞德港和紅海蘇伊士灣側的蘇伊士之間。

運河連結了歐洲與亞洲之間的南北雙向水運，而不必繞過非洲南端的好望角，大大節省航程。

十九世紀中葉，埃及在法國贊助下開鑿蘇伊士運河，法國人掌握經營權，但通過運河的船隻有六到八成是英國船，故英國不樂見運河由法國掌控；後來因花費過鉅，法國不得已出售運河股票，一八七六年埃及財政破產，以英國為中心組成的債務管理委員會接掌埃及的財政管理權便積極介入埃及內政。

一八八二年，埃及發生內亂，英國出兵平亂後，完全控制埃及。

蘇伊士運河的開鑿是英、法長達半個世紀不斷侵入埃及的結果，英國終於領先掌控埃及，蘇伊士運河成為英國進占非洲的運輸主軸。

從南非與埃及這兩個南北據點出發，英國逐步鯨吞蠶食非洲大陸，占有將近三分之一的非洲土地，統治人口占總人口的十分之六。

德國與柏林西非會議

德國的帝國主義

德國在非洲的競逐中較晚起步，但在一八八〇年代後，也燃起帝國主義的野心，首相俾斯麥因此籌畫柏林西非會議，制定歐洲各國在非洲劃分殖民地的共同原則。

這段期間歐洲國家對非洲問題達成一些共識。例如：歐洲國家若擁有海岸即有前進內陸的優先權，但必須有軍隊與行政官員的實際統治，而非僅在地圖畫線的紙上作業，此即有效占領。

這一協議更加速各國對非洲的瓜分，而德國也占有西南非與東非等區域。

各國對非洲的瓜分

自一八八五年至一九〇〇年，歐洲各國在非洲爭先獵逐，小國也不退讓，葡萄牙併吞了廣大的安哥拉等地；義大利則擁有索馬利亞與紅海邊的土地，又直入內地企圖征服衣索比亞與尼羅河上游。但最後八萬名衣索比亞軍擊潰兩萬名義軍，這是非洲第一次成功擊潰歐洲的帝國，也阻止了義大利的侵略野心。

自柏林會議後的十五年內，非洲大陸遭瓜分為各區塊。

大體上，列強在非洲有兩條瓜分的交叉線，一條是德法兩國分從兩端互相策應的東西橫貫線；一條則是英國高喊「從好望角到開羅」的南北縱貫線。全非僅剩東非的衣索比亞，與西非在美國保護傘下成立的賴比瑞亞，能夠保持獨立地位未受殖民瓜分。

直到第二次世界大戰結束後，歐洲帝國主義勢力終結，才紛紛脫離殖民控制而獨立建國。但是當年因為會議上採取在地圖上劃分勢力範圍，以至於現今不少非洲國家之間的國界線特別平直，埋下不少部族紛爭。

列強瓜分非洲的三大影響

	生存威脅	文化喪失	單一經濟
原因	西方入侵引起非洲各地激烈反抗，西方國家以殘暴無情的手段鎮壓。	殖民者強行散布西方文明。	西方強行殖民剝削統治。
結果	非洲各族遭到大量屠殺，甚至滅絕。	1. 直接統治 罷黜原有統治者，摒棄原有傳統機構與制度，讓西方官員直接管理政府所有機構。 2. 間接統治 留下原有統治名稱及權力核心，但是架空實質掌控權，讓其僅能依附於西方宗主國。	非洲原有傳統手工業完全沒有發展空間，僅能作為原料共應地的單一經濟模式。

第一次世界大戰

談到要如何了解第一次世界大戰，簡單的來說就是一個背景，然後再加上三、二、一這三個數字就能把一個世界大戰的輪廓給描繪出來了。

背景

第一次世界大戰發生的背景，其實就是資本主義國家發展的不平均。

從十八世紀中葉直到十九世紀中葉，這將近一百年的時間裡，世界工業發展的第一強國，一直都是由英國獨占鰲頭。

但是到了十九世紀下半葉開始，世界各國工業排名，便成為美國第一，德國第二，英國第三，法國第四，如此一來各國為了角逐世界工業霸主的地位，無不卯足全力的發展海外殖民地。

因為要發展成一個資本主義工商業國家，必須有四個條件：原料、市場、勞動力和資金，而要具備這四個條件的方法，就是要有廣大的領土，再不然就是要有龐大的殖民地。

美國這個國家得天獨厚，領土遼闊且資源豐富；再加上老羅斯福總統又以「巨棒政策」及「金援外交」等方式，將中南美洲納為他的經濟殖民地，所以美國不需要跟其他國家競爭，便可獨自發展成世界第一的工業強國。

但是反觀排名第二的德國，便沒有美國來得幸運，德國在一八七一年才統一日耳曼地區，建立成獨立發展的國家，在世界殖民舞臺上，已經晚了一大步，而其他老牌的工業國家，早已將地表上的陸地瓜分殆盡。

全球殖民地占有率第一名——英國，殖民了三千三百萬平方公里的土地，將近地表面積的四分之一，法國占了一千八百萬平方公里，當時的俄國海外殖民地不多，但本身國土面積就有兩千兩百萬平方公里。因此德國要繼續提升它的資本主義工商業，就必須向這些老牌的工業國家奪取殖民地，因而才引發了第一次世界大戰。

三、二、一描繪一戰

指的是「三大衝突」、「兩大集團」和「一次大戰」。

三大衝突

法德衝突（爭奪歐陸霸權）

法國跟德國可謂是世仇，從九世紀末西法蘭克（後來的法國）跟東法蘭克（後來的德國）共同瓜分中法蘭克之時，兩國便為了爭奪洛林跟亞爾薩斯等地的所有權，而埋下了衝突的導火線。

另外，這兩個國家的戰士都是騎士出身，自古以來便以爭奪歐陸霸權為其首要目標。再加上一八七一年普法戰爭之後德國建立，普皇威廉一世竟然跑到法國凡爾賽宮的鏡廳，即位為德皇威廉一世，此一舉動對法國來說更是奇恥大辱，因此法德衝突越演越烈。

騎士出身的戰士

十字軍東征期間，三大騎士團之中的「聖殿騎士團」和「條頓騎士團」，分別為法國和德國的代表性騎士團。

俄奧衝突（爭奪巴爾幹霸權）

奧國自從梅特涅垮臺之後，國際地位大幅下降，成為歐洲二流國家，為圖東山再起，必須擴展自己在歐洲的影響力，便將其觸手伸向鄂圖曼土耳其帝國的巴爾幹半島。

十九世紀之後，鄂圖曼土耳其帝國國際勢力一落千丈，國家局勢內外交憂，被稱之為「歐洲病夫」。

鄂圖曼土耳其帝國的領土當中，巴爾幹半島又是一個種族與宗教複雜的地方，半島上的主體民族有日耳曼民族及斯拉夫民族，恰巧奧匈帝國屬於日耳曼民族，而俄國屬於斯拉夫民族。再加上俄國的黑海艦隊急需找到進入地中海的出海口，而巴爾幹半島的東部正是建立海軍基地的絕佳位置，於是俄國也把觸手伸向巴爾幹半島，因此這裡便成為兩國衝突的所在，也成為了「歐洲的火藥庫」。

斯拉夫民族的名字

斯拉夫民族都是信仰東正教，使用西里爾文字，語言皆是斯拉夫語，連名字都很像。男的都叫斯基、洛夫、維奇之類的；女孩都叫做諾娃、波娃跟莎娃。

英德衝突（爭奪殖民霸權及海上霸權）

前文提及一個國家若是要發展他的資本主義工商業，勢必要有四個基本條件——原料、市場、勞動力和資金。而德國因為建國的時間較晚，就必須向老牌工業國家奪取殖民地。

然而要爭奪海外殖民地，需要建立

起強大的海軍，於是德國與英國的衝突自然愈趨明顯。

十九世紀末德國外交大臣皮洛夫就曾在公開的場合提到：「讓別的民族去分割大地和海洋，而德國只滿足於藍色天空的時代已經過去了。我們也要爭取陽光下的地盤。」

此話便意指德國將矛頭指向了英國，十九世紀末起，德國海軍在德皇威廉二世以及海軍大臣阿爾弗雷德．馮．鐵必制的主導下迅速崛起，開始建設規模龐大的戰艦艦隊，挑戰英國的海上霸權。

而在一九〇四年四月，英國與傳統假想敵法國締結了《英法協約》，英國海軍的主要敵人轉為德國海軍，後者雖然起步較晚，但其軍艦多為現代化設計，其規模也正迅速擴張，英國當時所採取的對策是德國造一艘新的軍艦，英國就要造兩艘，保持兩倍於德國的艦隊總數，來保障自己的海權霸主地位，於是英德兩國掀起了一場「造艦競賽」。

第一次世界大戰之前所形成的兩大集團，分別是英法俄的三國協約，以及德奧義的三國同盟。在形成這兩大軍事集團之前，先發生了一場重要的戰爭及一場重要的會議。

兩大集團：協約國VS.同盟國

俄土戰爭（一八七七至一八七八年）

十九世紀末，俄國提倡「大斯拉夫主義」，鼓動巴爾幹半島上的斯拉夫民族起而反抗鄂圖曼土耳其帝國的統治。

俄國欲打開通往地中海的通路。同時俄國要解放在巴爾幹半島上信仰東正教的斯拉夫民族解脫鄂圖曼土耳其的統治。於是在一八七七年對鄂圖曼土耳其發動戰爭，結果俄國戰勝，逼迫鄂圖曼土耳其簽訂《聖斯泰法諾條約》。

鄂圖曼土耳其軍隊撤出保加利亞，保加利亞大公國建立，此後俄軍在此駐軍兩年。並割讓高加索地區的亞美尼亞和喬治亞給俄國。且准許塞爾維亞與羅馬尼亞獨立。

此舉讓俄國勢力進入巴爾幹半島東部，並且取得地中海出海口。因此引發英、奧對《聖斯泰法諾條約》的抗議。英國擔心俄國將影響其對地中海的控制權。奧國恐懼俄國取得巴爾幹

大斯拉夫主義

俄羅斯帝國為當時斯拉夫民族最大的國家，且認為其他的斯拉夫人國家，如波蘭、捷克等國家皆應該由俄羅斯所領導，於是俄羅斯在十九世紀奉行擴張主義，大幅拓展帝國的領域。

半島控制權，將阻斷奧國向南擴展的通路。因此雙方劍拔弩張，為避免大規模的衝突發生，德國首相俾斯麥出面調停，召開柏林會議。

柏林會議（一八七八年）

為了弭平英、奧與俄國的衝突。防止俄國打敗土耳其後，向巴爾幹半島擴張。會議中決定將保加利亞一分為三：保加利亞獲得自治權；東魯美力亞歸屬土耳其，但有自治權；馬其頓歸還土耳其。

俄國僅得到比薩拉比亞，奧地利得到波士尼亞與赫塞哥維納兩州的管理權。英國得到地中海東端的塞普勒斯島，用以監控俄國海軍在地中海的進出。並承認塞爾維亞、羅馬尼亞及蒙特內哥羅的獨立。

這場分贓會議不但犧牲了鄂圖曼土耳其帝國，也引發俄國不滿俾斯麥的分配，因而仇視德國與奧國。

兩大陣營形成

三國同盟

奧國因柏林會議引來俄國仇視，為自保而與德國訂立秘密軍事同盟。而義大利為了爭奪北非殖民地與法國交惡，自動加入德奧陣營。於是一八八二年，三國同盟成立。

三國協約

在德皇威廉二世登基後，不像威廉一世那般信任俾斯麥，威廉二世想要打破俾斯麥的保守經營策略，為德意志帝國爭取更多的殖民地以及更強大的領導地位。俾斯麥終在一八九〇年去職，結束俾斯麥時代。

威廉二世的「大日耳曼族主義」，聯合奧國向巴爾幹半島發展，使俄國備受威脅。法國趁機拉攏俄國，資助俄國完成西伯利亞大鐵路，訂立軍事協定《法俄協約》。

此外，威廉二世的「世界政策」與「大海軍主義」，積極向海外發展，也使英國備感威脅。逼使英國放棄光榮孤立的外交政策，與法、俄親善，先與法訂立《友好協約》，再與俄國訂立《英俄協約》，於是一九〇七年時三國協約成立。

光榮孤立

英國外交政策的基本目標就是保持歐洲均勢的局面，使歐洲各國互相制衡，如此一來歐洲大陸便不易形成大一統的政權，也就不會有其他國家阻礙英國向海外發展殖民地。

一旦有任一歐洲國家在歐洲稱起老大，英國便會聯合老二跟老三來幹掉老大，但是英國又拒絕加入歐洲大陸任何一個永久性聯盟，永遠保持這種平衡關係，就稱為光榮孤立。

三大衝突與兩大集團

三大衝突	法德衝突	爭奪歐陸霸權
	俄奧衝突	爭奪巴爾幹霸權
	英德衝突	爭奪殖民霸權及海上霸權
兩大集團	三國同盟	德、奧、義
	三國協約	法、俄、英

戰前的對峙

軍備競賽

德國不斷發展海軍，更聲稱要發展出一支與英國勢均力敵的海軍，使得英國也持續擴建自己的艦隊。各國不斷擴大軍事規模透過動員、徵兵，以及鋪設戰略鐵路等方式來增加自己的軍事實力，各國認為武裝衝突的正義性，正是國家進步的條件，進而助長了軍國主義發展，

「歐洲火藥庫」

各國利用巴爾幹半島上種族複雜的特點，刻意挑起半島上的種族衝突，以擴大各自陣營在巴爾幹半島上的影響力，甚至把巴爾幹半島當成新式武器試煉的場所。

例如三國同盟若發展出新的武器，便會把這款武器交給半島上的日耳曼民族去攻擊半島上的斯拉夫民族；三國協約若發展出新的武器，便會把這款武器交給半島上的斯拉夫民族去攻擊半島上的日耳曼民族。因此巴爾幹半島就被稱為「歐洲的火藥庫」。

一次大戰的爆發

導火線：塞拉耶佛事件

一九一四年六月，剛剛新婚的奧匈帝國皇儲斐迪南夫婦到方被奧匈帝國併吞的波士尼亞檢閱軍事演習。

但這次軍事演習竟然是以塞爾維亞為假想敵人的一場演習行動，因而引發了塞爾維亞民族主義者的仇恨情結。

塞爾維亞的恐怖組織「統一會」派遣七名殺手前去暗殺斐迪南夫婦，斐迪南夫婦坐上敞蓬禮車前往市府大廳，卻在途中遭到刺客之一的查布林

諾維奇用手榴彈襲擊，但斐迪南下意識的用手一揮，手榴彈滾到了車後，立即爆炸。夫婦二人幸運避過一劫，查布林諾維奇馬上服下氰化物並跳河企圖自殺未遂，其後被趕至的軍警拘捕。

之後，斐迪南大公雖然改變預定行程，決定要到醫院探視一名受輕傷的副官，但隨從人員忘了通知前導車隊，因此車隊依然照原訂計畫行駛。不幸的是，斐迪南的敞蓬禮車在前往拉丁大橋時，於街角停下，一名叫普林西普的刺客以離斐迪南王儲夫婦不到兩公尺的距離用手槍射出兩發子彈，雖然普林西普立刻被捕，但斐迪南夫婦送醫後均不治身亡。

事發後，奧匈帝國發出通牒要求塞爾維亞嚴懲元兇，但塞方沒有照做，於是在得到德國的支援後，奧匈帝國於一九一四年七月二十八日出兵塞爾維亞。奧匈帝國向塞爾維亞宣戰。

▲塞拉耶佛事件

七月三十日，俄國開始總動員出兵援助塞爾維亞。八月一日，德國發出最後通牒，要求俄國在十二小時內取消總動員，俄國對此通牒置之不理，德國進而向俄國宣戰；並向法國提出最後通牒，要求其在德俄發生戰爭時保持中立，但法國拒絕，並進入總動員。八月三日，德國向法國宣戰，第一次世界大戰一觸即發。

計畫趕不上變化的「施里芬計畫」

德國人是最精於計畫的民族，早在一次大戰開打之前，兩大集團在對峙的同時，德國的參謀總長施里芬元帥，早就在沙盤推演一旦戰爭開打，德國的作戰應對策略。

施里芬元帥盤算一旦戰爭發生，德國免不了要面臨兩面作戰，俄國這個國家除了土地大、人口多，其他什麼都少。俄國要完成戰爭的準備，起碼得花上半年以上的準備時間，所以德軍應以西側攻勢為重。

德國總共九個軍團（八十一個師）的兵力，施里芬元帥計畫以九個師的兵力防守俄國，將其他七十二個師的兵力都投入西線戰場，並從七十二個師的部隊再分撥六十三個師北攻比利時，九個師防守德法邊境。

由於法、比邊境不設防，比利時又是一個小國，全國僅有四個師的兵力，德國估計只要六十三個師大軍壓境，比利時當天就會投降，德軍便可長驅直入法國北部占領巴黎，取得決定性的勝利。

之後再利用德國發達的鐵路交通網，將部隊拉回東線擊潰俄國，進而結束戰爭。

這個計畫的特點首先是避免兩線作戰；其次是速戰速決；最後是集中兵

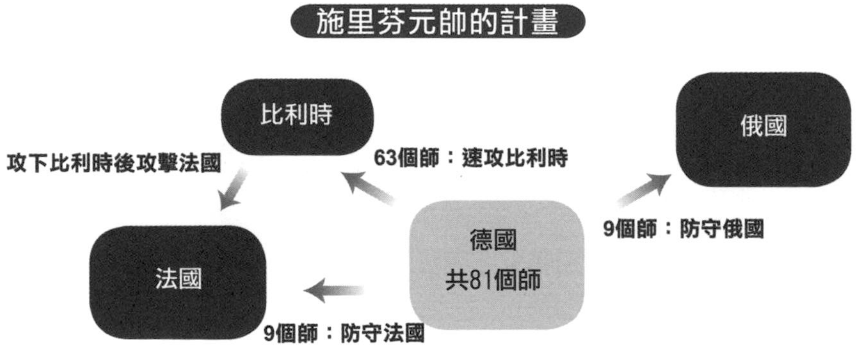

力。可惜計畫往往趕不上變化，施里芬元帥來不及看到戰爭的爆發，便提早在一九一三年逝世了。

後來接班的是小毛奇元帥，小毛奇雖不乏智慧，卻完全沒有魄力。他並不認同施里芬的計畫，也缺乏信心。

因為東線防區內的東普魯士地區，是德國王室霍亨佐倫家族的發祥地，德皇威廉二世認為東線只有九個師的兵力防守俄國，似乎力量太過薄弱，畢竟是祖宗的老家，於是下令東線增加到十六個師的兵力。

西線抽走了七個師的兵力，對整體計畫其實影響不大，但小毛奇沒有施里芬的魄力，他認為西線以九個師的兵力對抗法國七十四個師的進攻，即使德軍再威猛，也似乎難以招架八倍以上的兵力，縱使「施里芬計畫」成功的占領巴黎，但法軍也占領了柏林，那豈不成了雙方交換場地，這是打仗又不是打排球。

因此他將西線的部隊調動，三十個師北攻比利時，三十五個師防守德法邊境，此改變造成了整體計畫的失敗，因為德國喪失對比利時絕對優勢的軍隊數量，再加上比利時積極動員，全國擴編到十二個師，讓德軍在此被阻擋一個多月，才抵達法國邊境。而法國此時已回防北部的防線，「施里芬計畫」徹底失敗。

大戰的爆發

一九一四年的戰爭

西線戰爭

德軍與英法聯軍在巴黎近郊馬恩河一線爆發戰役，結果法國獲勝，被稱為「馬恩河奇蹟」。

但這場戰役歷經三個月，雙方死傷人數超過一百五十萬人，這點讓交戰雙方看清了一個事實，現代化的戰爭是多麼殘酷，死傷又是如此的慘烈。

為了避免傷亡的擴大，德軍只得轉入戰略防禦，固守安納河一線，戰鬥開始演變為陣地戰，雙方都挖起了壕溝。

隨後，一道延伸到比利時北海邊的壕溝防線便出現在歐洲大陸上，雙方開始一起向大海奔跑。雖然德軍奪取法國東北部的廣闊領土，卻始終不能包圍法國的戰線，這就是歷史上著名的「壕溝戰」。

東線戰爭

俄軍乘德軍在開戰之初，集中兵力在西線之際，在東線向德軍發起進攻。

八月下旬，俄軍進入德國東部，並逼向德國的心臟地帶，德軍被逼從西線調兵回援。由於德國援軍行動迅速，很快便抵達東線，並消滅數萬名俄軍，使得東線戰局發展受到德軍控制。

九月十一日，俄國的第一集團軍再

度受挫，德軍進逼至俄國境內，俄軍損失共二十五萬餘人。

俄國是一個工業化程度相當落後的國家，戰爭爆發後動員緩慢，甚至武器跟物資都嚴重不足，平均三個人用一把槍。一個連有三個排，第一排全身軍裝，手持步槍，但只有三發子彈；第二排上半身軍裝，下半身短褲，手持木棍綁刺刀，簡直跟義和團沒兩樣；第三排就是農民，手持農具，就上前線作戰了。如此落後的作戰水準，絕對不是德軍的對手，因此東線也拉起了壕溝的防線。

一九一五年的東線戰爭及義大利的倒戈

東線戰爭

德軍因為西線的馬恩河會戰失敗，決定先集中兵力擊潰俄國，逼使俄國停戰，從而結束東線戰事，並且避免繼續陷入兩線作戰的困局，東線於是變成主要戰場。德奧聯軍以十八個師和兩千餘門大砲，分兵兩路進擊俄軍，進行「波蘭口袋」戰役。

正所謂「不怕神一般的對手，只怕豬一般的隊友。」這場戰役中，德軍幾乎戰無不勝，但是德軍每攻下一個陣地；俄國便能從奧國手中再奪回一個陣地，雙方再度形成拉鋸戰。

此時接替小毛奇成為德軍參謀總長的法爾肯海因將軍，在視察完奧國部隊後，向威廉二世回報，奧國的軍事指揮系統混亂，由於帝國民族眾多，語言混雜，一個軍官不可能通曉帝國所有二十多種語言，大批使用各種方言的農民被編入軍隊中，發展到最後，排長甚至無法讓自己拉來當兵的那些

聖誕節休戰

值得注意的是一戰時出現了一個有趣的現象，一九一四年聖誕節的準備期間，開始出現了一些和平倡議。德國士兵先是在他們的戰壕與聖誕樹上擺上了蠟燭，並唱起聖誕歌曲來慶祝；英國士兵則唱他們自己語言的聖誕頌歌做為回禮，接著兩邊開始互相對彼此喊著祝賀聖誕節的話語。

很快地，雙方在無人地帶開始有一些交流，士兵們互相交換起食物、香菸和酒等小禮物，還有像是鈕扣與帽子作為紀念品。在那一晚裡，該地區的砲火真的陷入了沉默。這次休戰也讓士兵們有空下來的時間，好把陣亡的同袍帶回各自戰線後方集體埋葬。

此外，雙方也共同舉行了聯合禮拜。一九一五年時甚至還出現了一場足球的友誼賽，這些戰時的和平活動便被稱為「聖誕節休戰」。

人聽懂自己的命令，整個帝國國防軍變成了一頭患有末梢神經麻痺的龐大怪獸，整個基層作戰指揮崩塌瓦解，更遑論作戰，因此東線戰況又陷入了膠著。

義大利的倒戈

義大利原先加入同盟國陣營，但是由於義大利物資缺乏，戰鬥力又薄弱，因此大戰爆發初期宣布中立，並未參戰。

一九一五年協約國陣營承諾義大利在戰後，可以獲得奧地利領土及亞得里亞海東岸附近的區域，於是義大利興高采烈的參加協約國陣營。

但是義大利一加入，協約國陣營立馬就後悔了，義大利是戰無不敗，屢戰還屢敗的國家，國人天生愛好和平，完全不適合打仗。才一投入戰爭，邊境防線立刻被攻陷，死傷人數不多，大多主動投降，若沒有協約國後續的增援，搞不好義大利就要全線崩潰了；所以義大利的倒戈對同盟國陣營來說，的確是一個天大的好消息。

一九一六年的西線戰爭

凡爾登戰役

由於德軍在東線依然毫無進展，因此法爾肯海因將軍決定將主力再度拉回西線，與法軍爆發了凡爾登戰役，凡爾登是巴黎的門戶，凡爾登一丟巴黎鐵定淪陷，一九一六年二月，德國皇太子親率二十一萬德軍，向凡爾登發動了猛烈攻擊。

凡爾登的保衛力量比較薄弱，只有十萬守軍，法國政府任命貝當將軍為該地總指揮，貝當將軍一週內組織三千九百輛卡車，運送人員十九萬和兩萬五千噸的物資，這是人類戰史上首次大規模的汽車運輸。

法軍的大批援軍及時趕到，雙方展開一場激烈的戰鬥，德法兩國投入一百多個師的兵力，軍隊死亡超過二十五萬人，五十多萬人受傷。因此這場戰役，被稱為「凡爾登絞肉機」。

索姆河戰役

英國為了替盟友在凡爾登地區減輕壓力，於一九一六年六月二十四日，在凡爾登北方發動索姆河戰役。

英軍先出動了約一千四百門火砲，對德軍陣地進行一週的猛烈砲擊，共發射了約一百五十萬發砲彈，把英國十年庫存的彈藥，在一週時間裡全部消耗殆盡，雖然英軍希望透過砲火轟擊，達到消滅德軍戰壕的目的。但事實上德軍只有些微死傷，砲火仍不足以摧毀戰壕。

七月一日，英國第四集團軍向德軍發動突擊，由英國第三集團軍在其左翼掩護；法國第六集團軍從北索姆河兩岸向德軍陣地實施輔助突擊。當日，法軍和英軍右翼突破德軍第一道陣地，但英軍左翼為德軍壕溝陣地所阻。英軍採用密集隊形突擊，遭德軍馬克沁機槍的強大火力殺傷，一個上午損失將近五千七百人。

為了打破「壕溝戰」的僵局，九月十五日，英軍使用新式戰爭武器——坦克（共四十九輛坦克，實際參戰僅十八輛），配合步兵進攻，推進了四至五公里。

這是戰爭史上第一次使用坦克，對守備方的德國步兵產生了威嚇效果，使他們放棄陣地不戰自退。但由於坦克的技術與裝備尚未完善，在戰爭結束之前，這十八輛坦克車就全部報廢了。

進入秋季後，氣候開始惡化，由於陰雨連綿、道路泥濘，戰鬥漸漸平息，到了十一月完全停止，英、法兩國的作戰計畫宣告失敗。

馬克沁機槍

此款機槍每分鐘射速兩百發子彈，基本上打人就像割草一樣。

日德蘭海戰

在整個第一次世界大戰中，只有一次大規模的艦隊主力決戰，一九一六年德國海軍意圖突破封鎖，隨即爆發英德海軍間唯一一場艦隊決戰——「日德蘭海戰」。

這場戰役的結果，雖然德國大洋艦隊以相對較少噸位的艦隻損失，擊沉了更多的英國艦隻，從而取得了戰術上的勝利，但英國主力艦隊成功地將德國海軍封鎖在德國港口，並始終牢牢地掌握了制海權，從而取得了戰略上的勝利。

大戰轉折：兩國加入和一國退出

美國的加入和中國的參戰

美國的參戰

在戰爭初期，德國主要依靠潛水艇戰阻止他國對英國的物資援助，一九一五年，德國潛艇擊沉美國一艘油輪及郵船，在美國抗議下，德國向美國保證將有限度使用潛水艇。

但當德國海軍情勢越來越差，國內經濟亦日趨惡化時，德國在一九一七年決定恢復無限制潛水艇戰，即凡是在英國水域的船隻，不論是敵方或是中立國的，都有可能被德國潛艇擊沉。

這大大影響了美國商船的航行，因此德美關係惡化，美國開始有意對德宣戰，而在齊默曼密電事件後，美國正式對德宣戰。

雖然表面上美國參戰的原因，是德

國煽動墨西哥反美，以及違背有限制潛水艇戰的承諾。

但可能還有一種原因，就是大戰爆發後，美國一直堅守孤立主義的原則，不倒向任何陣營，只是向協約國出售物資，但眼看大戰已過了三年，占有人力及物資優勢的協約國，似乎沒辦法擊敗勢單力薄的德國，甚至有可能被德國給扳倒。

萬一協約國戰敗，那麼美國對協約國的借款將化為泡影，因此美國便以債權人身分，出兵協助欠債的協約國。

中國的參戰

北洋政府的段祺瑞為了獲取日本軍事援助的利益，投向了協約國陣營，於一九一七年三月十四日與德斷交，於八月十四日對德奧宣戰。雖然中國並未派兵參與，不過在戰前及期間前往歐洲的數十萬名華工，在後勤與工程上，均有為協約國做出突出的貢獻。

俄國的退出

俄國本身為半工業化的國家，經濟體質薄弱，經不起持續的戰事，參戰結果使其國內經濟崩潰，工廠倒閉，失業率驟增，軍火補給困難，士兵極度厭戰。

最終在一九一七年三月八日爆發了「二月革命」，沙皇尼古拉二世退位。中產階級出身的克倫斯基組成了臨時政府，英法等國率先承認民主俄國，目的是希望俄國能繼續參戰，以減輕協約國西線的壓力。

但俄軍又再度被德奧聯軍擊敗，國內政局更是雪上加霜，德國陸軍總部秘密地將流亡在海外的布爾什維克黨領袖——列寧送回俄國，列寧回國之後喊出「和平、土地跟麵包」的口號，十月二十三日發動「十月革命」推翻民主政府，建立蘇維埃政權（共產政權），並宣布退出第一次世界大戰。

齊默曼密電事件

一份由德國外相齊默曼於一九一七年一月十六日向德國駐墨西哥大使厄卡德特發出的機密電報。

內容是建議與墨西哥結成軍事同盟對抗美國，但被英國情報單位截獲。該電報內容於三月一日公開後，引起美國各界憤怒，促使同年四月六日美國向德國宣戰。

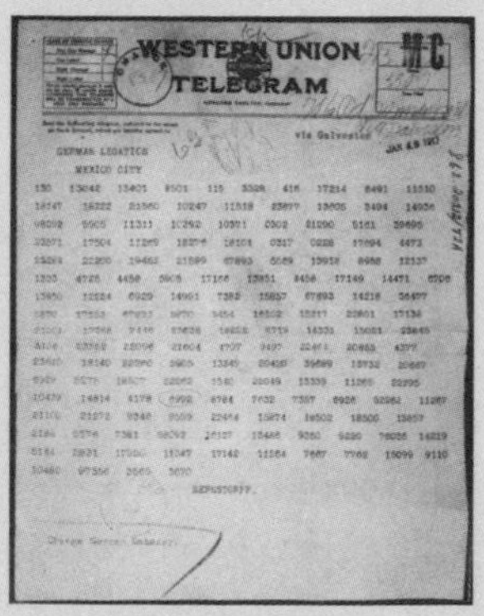

▲齊默曼密電

戰爭的結束

一九一七年底俄國雖退出大戰，為德軍減輕了東線戰事的壓力，但擁有龐大資源的美國加入協約國陣營，無疑是德國惡夢的開始。

一九一八年七月十五日至八月六日，美軍發起「第二次馬恩河戰役」。德國集結優勢軍力越過馬恩河，卻被協約國聯軍擊敗，退守興登堡防線，此時德軍敗局已定。

隨即美軍又發動一波默茲－阿爾貢攻勢，成功的封鎖德軍的鐵路補給線，打斷了興登堡防線，這波攻勢使德軍再損失十五萬人、大砲兩千餘門及機槍一萬三千餘挺。

軍事失敗的消息使德國國內的衝突加劇。興登堡元帥建議在德國議會提出要「結束戰爭」。但德軍的最高統帥部卻仍不死心，意圖用剩餘的海軍艦隻與英國海軍進行最後決戰。

結果德國海軍士兵因不願送死，在基爾港發生譁變，並迅速蔓延到整個海軍及全國。十一月九日，德國首都柏林亦發生革命，德皇威廉二世只得宣布退位，並逃至荷蘭。十一月十一日，德軍求和，第一次世界大戰結束。

一戰時的飛機

飛機在大戰末期才投入戰場，一開始的應用也非常有限，只是負責偵查工作而已。直到大戰後期，開始將機槍裝置在飛機上之後，才有比較現代化形式的空戰。

在一次大戰期間，只要能夠擊落五架敵機，便可以稱為王牌飛行員。一戰期間擊落最多敵機的王牌飛行員，就是有「紅男爵」之稱的里希特霍芬男爵，他一共擊落了八十架敵機，堪稱王牌中的王牌，由於駕駛一架三層翅膀的紅色戰機，所以得到「紅男爵」的稱號。

日本動畫大師宮崎駿的電影「紅豬」便是以里希特霍芬男爵的英雄事蹟，作為其故事創作的靈感。

▲里希特霍芬男爵的三層翅膀紅色戰機

第一次世界大戰的影響

影響	內容
戰爭型態的改變	新武器的研發，如機槍、大砲、潛艇、坦克車、飛機等
全面性戰爭	投入全國人力、物力與精神。
宣傳媒體	輿論與新聞強化民心、利用警察體系來控制輿論，間接助長二戰時的法西斯主義。
通貨膨脹	戰時籌措資金，各國政府採取赤字政策，物資短缺時廣發鈔票，造成通貨膨脹，嚴重衝擊中產階級。
民族間的仇恨不減反增	一戰到二戰之間的戰間期，各國軍隊人數幾乎是 1913 年的兩倍。
打破世界貿易平衡	歐洲戰後殘破，製成品出口幾乎停擺，美國躍升為歐洲最大債務人。
女權意識的抬頭	一戰期間，女性加入總動員生產行列，替代前往前線作戰的男性，從事生產工作。然而隨著戰爭結束，大量男性歸來回到工作崗位，女性再度被取代。 一戰時的需求，使得婦女意識抬頭，戰後紛紛走入政壇、參加社交活動等，逐漸被社會接納。英國及美國分別於 1918 及 1920 年，給予婦女選舉權，以感激婦女對戰爭的貢獻。
四大帝國的瓦解	俄國、德國、奧匈帝國、鄂圖曼土耳其帝國紛紛在戰後瓦解。

戰間期

隨著一次大戰的落幕，列強也開始著手重建戰後的歐洲新秩序，除了老牌的歐洲國家英、法外，這次會議的主角多了美國這個新面孔，主導歐洲戰後新秩序的巴黎和會，就是控制在英、法、美三大強權的手中。

巴黎和會

隨著一次大戰的落幕，列強也開始著手重建戰後的歐洲新秩序，不同於過往的列強會議，這次會議的主角多了美國這個新面孔，以往美國因為「門羅宣言」的關係，是不插手歐洲事務的；因為一九一七年中途參加了第一次世界大戰，使得協約國陣營反敗為勝。因此美國成為主導巴黎和會的主角之一；然而老牌的歐洲國家——英國與法國雖然元氣大傷，卻仍掌握歐洲政局，所以主導歐洲戰後新秩序的巴黎和會，就是控制在英、法、美三大強權的手中。

無法帶來和平的巴黎和會

巴黎和會根本不是一個為歐洲帶來和平的會議，充其量只能說是一個戰勝國在戰後瓜分戰敗國及意圖肢解德國的國際分贓會議。

會議於一九一九年一月十八日，在法國凡爾賽宮召開，這是一場勝利者單方面決定和約內容之會議，戰敗者並無出席討價還價的機會。參加巴黎和會的各國代表有一千多人，代表二十七個勝利國家。

然而法國總統彭加勒致開幕詞，他以勝利者的口吻，譏諷戰敗的德意志帝國：「四十八年前有個國家誕生於此，因為它生於不義，所以今天要死於恥辱。」此話一出，不難看出法國打算肢解德國的意圖，所以法國福煦元帥事後評論說：「這不是和平，只是歐洲二十年的休戰。」

三巨頭的各懷鬼胎

主導會議的三巨頭分別是美國總統威爾遜、英國首相勞合・喬治、法國總理克里蒙梭。

三巨頭彼此之間，各懷鬼胎，各有盤算；美國意欲在戰後建立起「世界霸權」領導世界，所以希望透過「十四點和平原則」中的「國際聯盟」來領導世界，以及透過「民族自決」的口號，來削弱英法的海外殖民勢力；英國則期望穩固海上霸權、殖民霸權以及歐洲均勢；法國則是希望建立起歐陸霸權及肢解德國。

三巨頭之間互相矛盾，彼此衝突，美國的世界霸權衝擊了英、法的權益，英國殖民霸權的夢想與美國的「民族自決」衝突，英國的歐洲均勢政策，也與法國想肢解德國的夢想衝突；法國希望建立起歐陸霸權，但英國和美國並不樂見。

因此整個會議就不斷在爭吵的過程中進行，直到一九一九年五月中旬達成協議，完成對德和約草案，隔日，再通知德國代表赴會，德方曾提出相關修正及反對意見，但未為被對方接受。戰爭雖然已結束，但是德國全境仍被聯軍包圍封鎖，德國別無選擇，

民族自決

民族自決指的是，殖民地的人民可以自行決定國家領土未來的命運，也就是鼓勵殖民地脫離母國獨立。

▲劃分世界的巴黎和會三巨頭

只能俯首簽字，這就是後來的「凡爾賽條約」。

凡爾賽和約對德國的影響

依照凡爾賽和約規定，德國割讓亞爾薩斯與洛林兩省交回法國；東邊波森、西普魯士大部分地區，也交還當時已復國的波蘭，此區後被稱為波蘭走廊。

被割讓的土地中，占德國百分之十五可耕地、百分之七十五鐵礦、百分之二十六煤礦及百分之二十五鋼鐵生產，對戰後德國工業重建影響極大。海外殖民地及海外各種權利，德國也必須全部放棄，例如：德國在非洲的殖民地由戰勝國分占；在中國膠州灣的租借權、山東的特權，皆轉交日本接管。

軍備限制方面，陸軍兵源限額為十萬人。萊因河東岸五十公里內撤除一切防禦工事。海軍削減且不得擁有巨砲、潛水艇，海軍總人數僅一萬五千人；並裁撤所有空軍。而賠款則高達三百三十億美元，此天文數字遠非德國所能負擔。德國直到二〇一〇年才全數償清賠款，歷時九十二年。

隨後，協約國又相繼與戰敗國奧地利、保加利亞、土耳其等簽訂條約，對他們實行懲罰性掠奪和壓迫。

此時，土耳其的一戰英雄凱末爾站了出來，大呼：「不自由，毋寧死！」著手把全國各地的愛國團體統一起來，成立土耳其大國民議會，並在他的帶領下，進行獨立戰爭。凱末爾對內廢除蘇丹制，對外與入侵土耳其的希臘、法國、亞美尼亞軍隊作戰。

一九二二年，土耳其獨立戰爭獲得勝利，協約國同意廢除《色佛爾條約》，並於瑞士的洛桑重啟談判。七月二十四日，土耳其政府與協約國簽訂《洛桑和約》，收回伊斯坦堡周圍大片的土地，穩固了土耳其在小亞細

奧、保、土戰敗國條約

	條約內容
對奧合約	奧匈帝國拆解成奧地利、匈牙利以及捷克斯洛伐克，並割讓土地，且規定德、奧兩國不得合併，以防德國壯大。
對保合約	保加利亞管轄的馬其頓地區割給南斯拉夫，色雷斯沿海區割給希臘，軍隊的人數限制在兩萬人以內，且不得擁有海空軍。
對土合約（色佛爾條約）	割讓大片領土，使土耳其領土僅剩安卡拉省。 廢除徵兵制，員額上限四萬五千人，且不得有重型武器及海空軍，亦不可擁有大型商船。

亞的領土。

「凡爾賽體系」的建立

《凡爾賽和約》接受了美國總統威爾遜所提議的「十四點原則」，也決定設立維護世界永久和平的國際機構，成立由英國、法國、日本與義大利為常任理事國的「國際聯盟」。

然而，理應為聯盟中心的美國卻沒有加入聯盟，這是因為當時美國的參議院由共和黨占大多數，因而否決了隸屬於民主黨的威爾遜總統所推動的凡爾賽和約外交。

故美國雖然主導《凡爾賽和約》，卻遲遲未同意簽署，也表明了不參與國聯，這時期的美國外交，表現出的態度就像回到門羅總統時代的「孤立主義」。所以戰後由英法所主導的「國際聯盟」以及上述對戰敗國的嚴苛條約，共同構成了第一次世界大戰後帝國主義新的國際秩序——凡爾賽體系。

這些新獨立的國家不僅削弱了德國與奧地利的國力，也形成一道防波堤，擔負著阻擋共產主義持續掀起革命的任務。於是，名為「凡爾賽體制」的國際新秩序就此建立。

美國夢的幻滅——經濟大恐慌

不正常的經濟循環

凡爾賽條約的巨額賠款使德國政府無力償還，政府財政完全破產，導致德國出現惡性通貨膨脹。

一九二一年一美元可以換六十五馬克，到一九二三年底，一美元竟可兌換四兆兩千億馬克，顯然馬克已成為廢紙。然而德國的賠款主要是還給英法等戰勝國，而英法收到賠款後，還必須還款給美國（戰爭期間協約國向美國借款八十六億美金），換句話說，如果德國破產了，美國也收不到錢，而且美國打算銷售到歐洲的大量民生用品，也會因為各國經濟衰退，而無力購買。

為解決德國賠款問題，一九二四年美國銀行家道茲擔任國際委員會主席，提出「道茲計畫」，由各國延長賠款期限，美國同意首期貸款二億美元給德國以紓解其困境，於是便形成了特殊的經濟循環。

但是「道茲計畫」只能暫時緩解經濟的崩潰，而無法真正解決經濟問題，

道茲計畫

主要內容為重組德國國家銀行，獲得以美國為主的貸款，並讓德國分年償還賠款。此計畫初期曾讓德國經濟短暫復甦，但賠款問題仍難以解決，故計畫無法持續。

〈戰後經濟循環〉

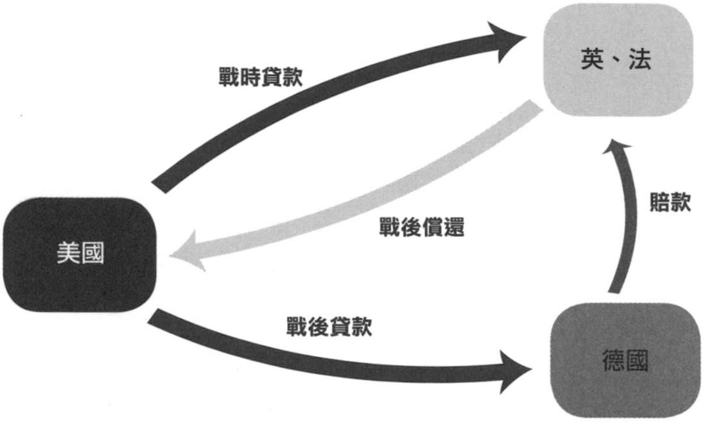

所以著名的經濟學家凱因斯，在他的著作《和平的經濟後果》中一語道破：「歐洲最重要的工作，就是恢復世界經濟，卻被賠款毀壞了。」

美國的畸形繁榮

美國在一次大戰前夕已成為世界工業最發達的國家。一戰爆發後，歐洲工業發達的國家都陷於戰爭漩渦之中，原生產線停擺，急需從外國輸入戰爭物資，因此美國成為歐洲的糧倉和軍火庫，無形中農、工業技術大幅精進。第一次世界大戰結束後，倫敦與巴黎一片瘡痍，紐約則成為世界金融中心。

一九二〇年代美國經濟迅速發展，由於繁榮主要發生在柯立芝總統執政時期，故稱「柯立芝繁榮」。從一九二三年到一九二九年，美國年生產增長率達到百分之四，工業生產增長近一倍。

一九二九年，美國工業生產的比重已超過了當時英、法、德三國所占比重的總和，高工資與大量生產的方式，使勞工與中產階級生活水準大為提高。且在關稅保護政策下，國內廣大的市場成為本土工業發展的基地，加上分期付款的消費方式，更刺激了高度消費，美國朝野上下一片欣欣向榮，樂觀自信。無論從事工商各行業，皆是致富之道，入境時身無分文的移民，不久即能成為工商業者。

關稅壁壘政策

然而繁榮的背後，所潛藏的是另一個看不見的危機，美國的孤立主義，主張提高關稅稅率，阻止外國商品進口，以確保本國工業與商業生產的利益。一九二二年至一九三〇年間，國外各類商品輸入美國的稅率不斷調升，各國商品受到關稅壁壘的阻擋，農工產品滯銷，國際貿易幾乎停擺，造成生產過剩的情況。

停擺的國際貿易

以英國為例，出口值不足以償付進口，迫使英政府大量拋售黃金，導致英鎊貶值。人民則拋棄英鎊換取黃金。

經濟大恐慌的爆發

一九二九年十月二十四日的「黑色星期四」，這一天，股票由巔峰跌進了低谷，下跌的速度連股票行情的自動顯示器都跟不上，美國驟然陷入經濟危機的泥沼，大量的貨物堆積在庫房中、大批的失業工人充斥大街小巷、商店關門歇業，到處都是淒涼的景象，穿梭於華爾街的人們像一群熱鍋上的螞蟻，光是黑色星期四當天，就有十一個金融家自殺。

一九二九年經濟恐慌爆發的初期，包括當時在位的總統胡佛在內，美國許多人都抱持著樂觀的看法，認為美國經濟基礎十分健全，繼續施行放任式自由經濟，拒絕改革。

但事實證明，這種樂觀看法並不正確，反而加速了美國經濟的崩潰，很多原本的上班族，這時候被迫住在大型的厚紙箱裡面，用塑膠袋搭成的簡陋的屋子，老百姓稱它叫「胡佛屋」；一堆「胡佛屋」的聚落就被稱為「胡佛村」；當時很多人為了抵禦冬季低溫，在西裝裡面塞滿報紙，這種打扮就叫「胡佛裝」，因此美國民怨沸騰，社會動盪。

美國因股票落價所造成的經濟危機發生以後，許多企業公司為了應付緊縮的銀根，紛紛將過去借貸給歐洲各國的短期借款抽調回來，此舉引發了歐洲的經濟危機，其中又以德、奧兩國的危機最為嚴重。一九三一年，德、奧兩國經濟幾乎崩盤。

美國因為是世界經濟的中心，牽一髮動全身，連帶使全球經濟陷入「經濟大恐慌」的浪潮中。

羅斯福總統與新政

一九三三年美國銀行多數倒閉，失業人口超過一千四百萬。失業的民眾失去收入，就不敢正常消費，此一情形造成更多工廠的倒閉，並帶來更多的失業人口，最後進入「通貨緊縮」的惡性循環。

在經濟處於風雨飄搖的情況下，許多人對資本主義失去了信心，轉而接受社會主義的觀點，認為美國應以蘇聯為榜樣，實行「計畫經濟」。

羅斯福就任總統後，推行一連串長期性經濟和社會的改革計畫，通稱為「新政」。

首先下令全國銀行暫時休業，防止人民因為恐慌而擠兌及囤積黃金。羅斯福總統還利用廣播向民眾說明政府的政策，讓人民恢復信心，願意存款不再擠兌，而暫時解除危機。

其次，政府成立調節機構與公眾事務部門，負責處理失業、救濟及勞工問題。另外，擴大公共建設增加就業機會，簡單的說就是擴大內需市場。例如：興建田納西河的水壩及水力發電廠，對田納西河沿岸地區均有極大助益。

新政的目的，一方面是要避免財團壟斷市場，因此將大型企業與公共事業都納入聯邦政府的管轄中；另一方面，則要保障工人、農人、一般市民的利益。新政提供一千萬失業人口的工作機會，並制定最低工資、最長工時等法規，保障勞工權益。

這些措施皆使聯邦政府債務大增，政府即以大企業營利的稅收、抽取奢侈品及娛樂稅等稅收來支付，雖遭到工商業界反對，但新政頗有成果，如物價回升、失業率下降、生產力恢復等，也讓「政府干預經濟」成為戰間期各國政府挽救資本主義的良方。新政讓羅斯福的聲望達到顛峰，但是全球經濟不景氣，卻也導致極權主義的興起與擴張。

極權主義的崛起：法西斯與共產主義

極權主義分為極右派和極左派，極右派的代表統稱為法西斯主義，極左派則以共產主義為代表。

無論極左或極右皆鼓吹集權主義與極端民族主義，將國家置於個人之上，並反對自由主義。極右派的法西斯運動對內宣揚領袖崇拜，對外反對共產主義，並強調為領袖、主義、國家三位一體。而義大利墨索里尼的法西斯政權、德國希特勒的納粹政權、日本的軍國主義，皆為法西斯主義的代表。

義大利的法西斯統治

法西斯黨的興起

一次大戰後的義大利雖然是戰勝國，但仍承受參戰的龐大債務，經濟瀕臨崩潰。戰後經濟大恐慌與失業危機，更讓社會動盪不安。

左傾的社會黨人趁機鼓動農民強占地主土地，煽動工人發動罷工或占據工廠。一九一九年，墨索里尼組織「法西斯戰鬥團」對付社會黨人，而他更反對共產黨對工人的滲透，故強迫工人復工，藉以維持社會秩序，因此得到許多地主、資本家的支持。墨索里尼的勢力開始逐漸壯大，並在一九二一年成立國家法西斯黨。

墨索里尼誓言以法西斯黨的力量，恢復古羅馬時代光榮的傳統，並且掃除共產勢力。因此法西斯黨的激烈手段，不但沒有受到政府的制裁，反而得到相當的支持。

一九二二年十月，墨索里尼向黨員

發表演說，號召黨員「向羅馬進軍」。正當法西斯黨員前往羅馬之際，國王擔心引起內戰，不但沒有制裁法西斯黨，反而邀請墨索里尼出任首相一職。因此墨索里尼掌權的過程，是自下而上，武裝政變，取得政權。

墨索里尼的統治

墨索里尼執政後，改組政府組織及軍警，建立對全國的高度控制。一九二四年，法西斯黨贏得國會逾半席次，控制國會成為第一大黨後，將義大利轉變為一黨專制國家。

墨索里尼為了鞏固其極權統治，設立秘密警察，專門鎮壓逮捕反法西斯黨分子；並建立嚴格的出版制度，任何反政府、反對法西斯主義的言論一律禁止。另一方面則控制全國經濟活動，禁止罷工。

除原有的黑衫軍外，還吸收培育外圍組織如青年團、少年團，均置於法西斯黨掌握之中。墨索里尼形式上向國王負責，但實質上已集全國黨、政、軍最高權力於一身，為穩定社會秩序，展開經濟建設，並擴充國防、軍備，開始對外擴張。

德國的納粹統治

希特勒與納粹黨崛起

一次大戰之後，新建立的威瑪共和政府，除了面臨龐大賠款、幣值暴跌、高度的失業率及惡性通貨膨脹所造成的經濟問題外，內部政局也面臨德國共產黨與極端民族主義分子的威脅。經濟大恐慌使德國經濟更是雪上加霜，政治上極右勢力逐漸抬頭，希特勒因此順勢而起。

希特勒並非德國人，出生於奧地利，父親任職於奧地利海關，從小成績不佳，在校成績只有歷史跟藝術勉強過得去。去報考奧地利皇家藝術學院慘遭滑鐵盧，曾一度在街頭替人畫像為生；一九一四年第一次世界大戰爆發，希特勒報名參加奧地利軍團，結果體檢不合格，最後報名參加德意志帝國麾下的巴伐利亞軍團。

希特勒在戰場上表現出瘋狂般的勇敢，一路衝鋒陷陣，一古腦兒的往前衝，在半年內從二等兵被破格提拔為下士。可惜在一次戰役中被毒氣薰傷了眼睛，等到重見光明時，戰爭已經結束，德國亦已投降，戰後德國裁軍，希特勒無法加入德軍，只好在一九二〇年加入德國工人黨，因為認同該黨結合社會主義與民族主義的政治主張，積極參與黨務運作。

一九二一年七月，希特勒成為該黨黨魁，並將黨名改為國家社會主義德國工人黨（德文簡稱 Nazi，音譯為納粹）。

希特勒以廢除凡爾賽和約、恢復過去德國的光榮為主要訴求。另外主張驅逐非日耳曼血統的種族主義，成功吸引數百萬對現實不滿、對民族國家前途深感迷惘的人加入，聲勢逐漸壯大。

一九二三年，希特勒發動「啤酒館政變」，但失敗後被捕入獄。

然而經濟大恐慌期間，德國經濟持續衰退，威瑪內閣頻頻更換。一九三二年，納粹黨贏得下議院大選，成為第一大黨。一九三三年興登堡總統依照憲法規定，邀請納粹黨黨魁希特勒擔任內閣總理，希特勒又利用「國會縱火案」消滅了國內所有其他政黨，納粹黨成為唯一合法的政黨。

啤酒館政變

由納粹黨在慕尼黑的啤酒館發動，並計畫仿效先前墨索里尼的「羅馬進軍」，進行類似行動推翻威瑪政府。但最後失敗。一九二四年二月二十六日，希特勒與其部下赫斯被判監五年。

在牢獄中，赫斯擔當秘書，協助希特勒撰寫了《我的奮鬥》，作為後者的自傳與政治思想的代表作。這次政變雖被鎮壓，卻提高了希特勒在黨內的地位。同時希特勒也明白了不能以武力奪權，應該用合法途徑，亦即在體制內取得政權。

▲希特勒

隔年興登堡總統逝世，希特勒同時擔任總統與內閣總理，被尊稱為「元首」，開始其反猶太和反共立場的獨裁統治。因此希特勒掌權的過程，是自下而上，透過合法途徑取得政權。

希特勒的統治

希特勒掌權後，迅速推動各項改革，以期建立「第三帝國」。為了強化極權統治，設立情治組織「蓋世太保」、「人民法庭」及集中營，任何反對納粹黨的人均可隨意逮捕，經過人民法庭審判後，不是處以死刑就是送入集中營監禁。

反猶思想是希特勒堅持的理念，他認為阿利安人是世界上最優秀的民族，命中註定要統治其他劣等民族，因此必須保持血統純正。

希特勒的種族論將德國境內頗具勢力的猶太人視為非阿利安人，有計畫推動反猶行動，甚至進行種族清洗。納粹政府一九三四年起參照蘇聯模式，連續推動兩次「計畫經濟」，在經濟方面亦有相當成就。

為了對外戰爭，希特勒有計畫恢復軍備及增加工商業生產，推行自給自足的獨立經濟體制，擴大公共投資，並將失業工人組成「志願勞動隊」。

德國國民所得增加、失業率降低，生產量大增。一九三〇年代，德國經濟規模已超越英、法。

第三帝國

第三帝國的由來。希特勒認為神聖羅馬帝國（九六二年至一八〇六年）為「第一帝國」，俾斯麥所創造的德意志帝國（一八七一年至一九一八年）為「第二帝國」，而第三帝國是日耳曼的歷史過程、自然發展形成的頂點，希特勒預料第三帝國將會持續一千年。

日本的軍國主義

第一次世界大戰後，法西斯主義的獨裁思想從歐洲傳入日本，與日本國內極端民族主義思想相結合，許多主張獨裁的團體紛紛成立，其中以少壯軍官組成的「櫻會」最為知名。

一九二〇年代的日本，對外受到經濟大恐慌的浪潮衝擊，對內又受關東大地震的影響，造成國內長期工商業蕭條、失業人口大增。少壯派軍人因此想藉由對外侵略轉移國內經濟嚴重惡化的問題。

一九三一年軍方不顧內閣反對，出兵占領中國瀋陽，是為「九一八事

櫻會

櫻會為推進國家改造和建立軍部政權，不惜使用武力進行對外政策，鼓吹「戰爭乃創造之父，文化之母」。

變」。此舉未遭到國際聯盟有效的制裁，更助長日本軍閥的氣焰。

一九三二年，日本首相犬養毅遭到槍殺，其後的內閣均受制於軍方，文人政客們根本不敢組閣，因為當時擔任日本首相是一個高危險的工作，所以乾脆由軍閥來組成內閣，於是日本軍方開始控制整個國家。日本軍閥掌權的過程，是自上而下以政治暗殺，取得政權。一九三三年，日本宣布退出國際聯盟。

一九三七年日本發動「盧溝橋事變」，點燃第二次世界大戰的亞洲戰火。

次年通過國家總動員法，日本政府可不經議會同意，動員國內一切人力、物資，為軍事獨裁提供法律基礎。

日本的軍國主義興起後，結合法西斯獨裁統治所衍生出的侵略行為，從中國開始，讓人類再次經歷戰爭的浩劫。

極左的共產主義崛起

列寧的崛起與新經濟政策

一九一七年十一月七日（俄曆十月），列寧領導的布爾什維克黨與紅軍，占領首都彼得格勒各軍事要點，並逮捕臨時政府閣員，布黨建立起世界第一個蘇維埃政府，史稱「十月革命」。

控制政權後，布黨通過和平法令宣布立即停戰，退出第一次世界大戰；另外，頒布土地法令取消土地私有制，平均分配土地給農民，企圖拉攏人心，穩定不安的政局。

一九一八年三月，布爾什維克黨更名為俄國共產黨，將首都遷往莫斯科，建立俄羅斯社會主義聯邦蘇維埃共和國，簡稱蘇俄。俄國共產黨也透過各地蘇維埃組織，排除所有反對勢力，成為唯一的政黨。

蘇俄並改行共產主義的經濟政策，但未發揮預期的效果，反而造成更嚴重的經濟危機。革命前嚴重的糧荒及通貨膨脹問題，受到內戰影響更加惡化。許多農民工人並不滿意蘇維埃政府的統治，「打倒蘇維埃政府」的呼聲愈來愈高。對此，列寧下令將所有敵方間諜、投機商人、暴徒、反革命煽動者等一律就地槍決。

一九二一年，列寧為因應經濟惡化的局勢，改行「新經濟政策」。在農村方面，政府不強徵農村餘糧，農民若有餘糧可以在市場上自由買賣；工商業方面，則放寬私人的商業活動等。此舉雖被視為「社會主義與資本主義的暫時妥協」，終使俄國經濟止跌回升，脫離經濟困難的窘境。

史達林的極權統治

蘇俄經濟因新經濟政策逐漸恢復繁榮之際，一九二四年列寧逝世，領導權之爭演變為史達林與托洛斯基的權力鬥爭。

史達林的統治要點

項目	目的	內容
五年計畫（1928-1942）	工業化	以三次五年計畫取代列寧的「新經濟政策」，目的不在富民而是為了強國。 以迅速工業化為重點，將每年全國收入的三分之一用來興辦各種大型水利、電力、交通工程，使每年平均工業生產指數成長達到 12% -14%。
農業集體化	農業機械化	實施農業集體化，強迫農民參加集體農場，推廣使用機器耕種，以達到農業機械化的目標。
大整肅	政治權力控制	發動黨內整肅，近三分之一的黨員被逐出黨外。並以加強階級鬥爭為由，進行軍隊整肅。

托洛斯基延續列寧的共產國際（又稱第三國際）政策，推動世界革命，因為在資本主義環境下的共產主義很難倖存。史達林則認為應該先建設俄國，鞏固國家基礎後再從事世界革命。雙方鬥爭多年，最後由史達林勝出，並樹立自己在黨內的獨裁地位。

史達林極權統治的要點包括五年計畫、農業集體化、大整肅等。

五年計畫的結果

五年計畫奠定了蘇聯的經濟基礎，工業進展更是驚人。一九三九年蘇聯的工業發展已經超越英國、法國，但蘇聯人民卻付出沉重的代價。從一九二八年實行五年計畫以來，所有私人財產被收歸國有，被迫參加集體農場的農民高達一千四百萬戶，數百萬人在階級鬥爭及飢荒中失去生命。

總結而言，史達林以共產黨的組織作為控制人民的利器，再結合秘密警察與軍隊，形成監控人民的全面網絡，建立起比過去任何專制政權更為獨裁的極權統治。另一方面，也促使落後國家仿效蘇聯，有助於其推動「世界革命」的藍圖。

史達林的大整肅

凡是政治立場或意識形態與他不合者全數遭到整肅。例如有「紅色拿破崙」之稱的圖哈切夫斯基元帥、葉夫戈羅元帥等，包括紅軍五位元帥中的三位、十五位將軍中的十三位、九位海軍上將中的八位、五十七位軍長中的五十位、一百八十六位師長中的一百五十四位、全部十六位陸軍政治委員、二十八位軍政治委員中的二十五位在清洗中被處以死刑。嚴重地影響了蘇聯日後的作戰能力。

惡名昭彰的慕尼黑會議

姑息主義盛行的歐洲社會

由於巴黎和會對戰敗國的不公平對待，因此當法西斯主義國家向外擴張，挑戰國際聯盟底線的同時，歐美列強卻只能睜一隻眼閉一隻眼。雖然列強對現狀不滿，但也不願冒著戰爭爆發的危險去制止，這就是姑息主義之所以盛行的原因。

美國國會以通過「中立法案」來確保不涉入歐洲事端，英、法則藉由退讓與協商，希望能滿足法西斯主義者的野心。

墨索里尼、希特勒就是利用這些國家對戰爭的恐懼，予取予求，達成侵略世界的目的。

一九三五年，墨索里尼派兵入侵衣索比亞，國際聯盟只對義大利實行經濟制裁，並承諾不向交戰雙方出售武器，但義大利根本不需要輸入武器，需要的是衣索比亞。以至於一九三六年義大利終於併吞了衣索比亞。

德國的擴張

希特勒掌握德國大權之後，便開始片面的撕毀「凡爾賽條約」，除了終止賠款之外，也於一九三六年進軍萊茵河東岸的「萊茵非武裝區」。

萊茵河對岸的法軍只是零星的幾聲咒罵聲，德軍便兵不血刃的占領了萊茵河東岸，此舉大大的鼓舞了希特勒，也讓他看穿英、法等國的伎倆，算準了他們不敢對德國怎樣。

於是希特勒在同年七月，又派遣了他的「禿鷹軍團」參與了西班牙內戰，幫助西班牙的佛朗哥將軍對抗西班牙政府，建立起歐洲的另一個法西斯政權，而由英、法所主導的國際聯盟，只是以「民族自決」的理由宣布中立。

一九三八年三月十二日，希特勒大軍壓境，進入奧國領土並直驅首都維也納，沿途受到民眾夾道熱烈的歡迎，於是希特勒終於光榮的併吞了自己的祖國。

隔天，希特勒親自飛抵維也納，宣布德奧合併——組成一個新的「大德意志帝國」。然此行動已公然違反凡爾賽和約，卻未引起英、法等國的抗議，更加強希特勒向外侵略的野心。

慕尼黑協定

捷克是希特勒下一個目標，捷克西半部的蘇臺德區，居住著三百二十五萬日耳曼人，占該地區百分之五十的人口。因此納粹黨煽動該區發起獨立運動，引發德國、捷克間的緊張關係。

但捷克不像奧國那般軟弱，當希特勒放話進攻捷克時，捷克立刻動員三十五個師的兵力屯駐邊境，因為捷克號稱民主國家軍事強國，又擁有歐洲第二大兵工廠——「斯克達兵工廠」，

斯克達兵工廠

「斯克達兵工廠」原是歐洲第二大兵工廠，二戰後改為發展汽車工業，也就是近年來臺灣一個新的汽車廠牌「SKODA」的前身。

因此雙方劍拔弩張。由於捷克的戰略位置極為重要，又與法、俄訂有互助公約，倘若捷克對德作戰，勢必引發歐洲戰火。

為了避免大戰爆發，英國首相張伯倫自願擔任協調者，與希特勒當面交涉。一九三八年九月二十九日在慕尼黑召開英、法、德、義四國會議，會議中張伯倫小心翼翼地詢問希特勒，蘇臺德區是否為德國在歐洲大陸上，最後一塊擴張的領土呢？希特勒回復：「是的。」

於是四國簽訂慕尼黑協定，協議將蘇臺德區割讓給德國，希特勒同意保證捷克新邊境的安全。

張伯倫與法國總理達拉第以英、法兩國放棄捷克為要脅，迫使捷克政府接受慕尼黑協定。張伯倫回國後，在機場就揮舞著協定宣稱：「好友們！這是歷史上第二次英國首相從德國帶回保持尊嚴的和平，我相信這就是我們這時代的和平。」

遺憾的是六個月後，希特勒仍公然進軍捷克首都布拉格，之後更占領捷克全境，還向波蘭要求割讓土地，此刻英法等國才發現，姑息主義無法遏止希特勒對外擴張的野心。

歐洲和平破滅

姑息主義盛行，除了是因為對戰爭餘悸猶存外，英、法等國在軍備各方面尚未做好準備也是原因之一。德軍占領捷克後，讓張伯倫對希特勒態度驟然改變，英、法兩國都積極備戰。首先向波蘭提供保證，一旦波蘭遭受德國攻擊，英、法將提供軍事援助；另一方面也尋求蘇聯的支持，因為蘇聯若與英、法合作，德國將腹背受敵，或可牽制希特勒的侵略，和平局面尚能維持。但東歐各國因擔心共產主義滲透，都不願讓蘇聯勢力介入，結盟無法成局。

一九三九年八月德國與蘇聯簽訂互不侵犯條約，協議一方捲入戰爭時，另一方遵守中立，另訂有秘密協定，日後雙方瓜分波蘭。德蘇互不侵犯條約被視為「第二次世界大戰的信號」，希特勒無後顧之憂，可避免東西兩面作戰，更加有恃無恐。

一九三九年九月德軍入侵波蘭，張伯倫公開承認「為和平的長期奮鬥」失敗。英、法為了實現對波蘭的保證，分別對德宣戰，第二次世界大戰爆發。

第二次世界大戰

一九四〇年德國、義大利、日本簽訂同盟條約，這三國以反共為名建立「三國反共軸心」，使這三個早就蓄意向外侵略的國家進入瘋狂無懼的境地，最終也導致第二次世界大戰的發生。

波蘭的瓜分揭開二次大戰的序幕

瓜分前的大國博弈

當英國與法國等歐洲列強，認清姑息主義不能夠阻止納粹德國在歐洲大陸肆意擴張版圖後，英法等國便積極向另一個極左派的的蘇聯招手，一來可以將德國夾擊於兩大陣營的中間，另一方面英法等國也樂見兩大極權主義互咬局面出現。

然而希特勒也想到了這一點，希特勒記取一次大戰時期德國腹背受敵的教訓，積極地與蘇聯接觸，希望能夠擺脫腹背受敵的窘境。頓時一個被歐洲看不起的極左政權，瞬間成為歐洲列強競相爭取的對象。

由於希特勒的立場一向是堅決反共，所以蘇聯在一九三九年四月率先與英、法兩國在莫斯科舉行軍事、政治談判。談判中，蘇聯向英法提出了一些建議：

一、締結英、法、蘇之間有效期五至十年，包括軍事援助在內的反侵略互助條約。二、三國保障中歐和東歐國家的安全。三、締結三國間相互援助的方式和規模的具體協議。

其中對於保障中歐與東歐的安全部分，蘇聯希望開闢一條快速通道，讓蘇聯軍隊可以通過波蘭國土，以抗擊德軍對東歐的侵略。但是波蘭的回答是：「面對德國的威脅，波蘭有亡國亡種的危機；但是面對蘇聯進入波蘭的國土，波蘭有失去靈魂的威脅。」因此談判毫無結果。

五月到八月間，希特勒再度透過外交部長向蘇聯表示，德國無意侵蘇，並希望改善彼此關係。因為希特勒已決定侵略波蘭，他得知莫斯科正在舉行英、法、蘇三國談判，深感憂慮。五月，蘇聯與日本在遠東地區爆發「諾門罕事件」，日本向蘇聯發動進攻，而德、日兩個法西斯國家有三國軸心的軍事同盟，蘇聯感受到腹背受敵的現實危險。於是在一九三九年八月二十三日當晚，雙方簽訂了「德蘇互不侵犯條約」，約定共同瓜分波蘭。

進攻波蘭的《白色方案》

一九三九年四月，希特勒命令陸軍總司令部開始草擬入侵計畫——《白色方案》，推展出一個速戰速決且結合坦克、飛機及配合海軍的立體作戰計畫。

九月一日清晨四點四十分，德國空軍開始出動轟炸波蘭城鎮維隆，造成該市百分之七十的建築物被毀。並派遣空降兵占領機場，炸毀所有機場的飛機；海軍則對西盤半島上的波蘭海軍發動砲擊；陸軍則配合裝甲師向德波邊界發動突擊。

德軍裝甲師率先突破波蘭邊境，一路朝波蘭首都華沙前進，九月十五日德軍包圍華沙，隨後蘇聯也於九月十七日一早，告知波蘭駐莫斯科大使，為了保護波蘭境內的烏克蘭和白俄羅斯居民，蘇聯政府已命令紅軍跨過邊界向波蘭進攻。

就整體形勢來看，蘇聯入侵是一個決定性的因素，波軍原希望藉由維斯瓦河守住波蘭東部的計畫已變得沒有意義。十月六日，波蘭政府接受「波蘭已經戰敗」的事實，宣布投降。

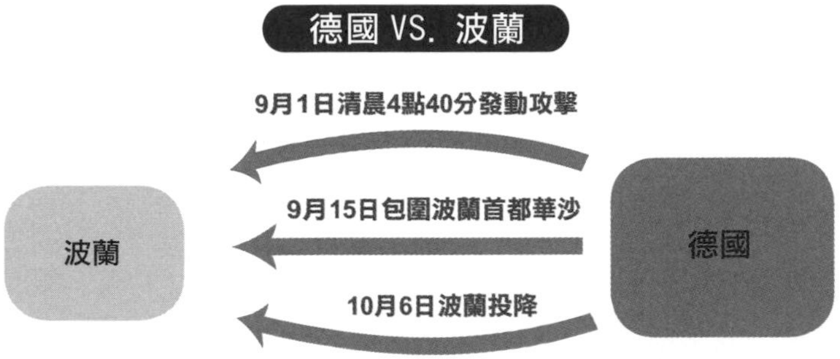
德國VS.波蘭
9月1日清晨4點40分發動攻擊
9月15日包圍波蘭首都華沙
10月6日波蘭投降
波蘭
德國

瓜分波蘭後的「假戰」

波蘭戰役常被視為德軍首次嘗試此一新式作戰模式的行動，西方國家稱為「閃電戰」。

然而在德國閃擊波蘭之後，英法以德國破壞波蘭國家獨立與領土完整為理由，對德國正式宣戰，然而遺憾的是英法等國只是宣而不戰。

一九三九年九月開始到一九四〇年四月之間，英法與德國兩方實際上只有極輕微的軍事衝突。這段期間雙方有小規模的空中與海上的衝突，英國將遠征軍調動至法國，法國則開始進行一些動員的工作。

到了一九四〇年初，法國有十四個師防守著名的「馬其諾防線」，同時有八十個師在後方予以支援。英國陸續增援到九個師的部隊。

到了一九四〇年五月，英法共集結超過三千一百輛戰車與兩千多架作戰飛機。但卻未爆發大規模的衝突，甚至英國的皇家空軍向德國的地面部隊投擲的只是一些不切實際的宣傳單而已，這種宣而不戰的情況，德國人稱為「靜坐戰」，美國輿論則譏為「假戰」。

西歐在這七個月間並無任何戰爭，直至兩個陣營終於在德國向北歐各國發動攻擊之後，才結束這一段沒有戰爭的宣戰期。

西歐戰區：「閃電戰」與「敦克爾克大撤退」

大戰前的同盟關係

一九三六年德國與日本簽訂了《反共公約》，除規定彼此交換有關國際共產黨各種活動的情報以外，還歡迎各國加入這一反共的組織。

德、義兩國也因為西班牙內戰的合作而愈趨緊密，墨索里尼便在一九三七年親自到訪柏林，與希特勒握手言歡，表示願意參加德、日兩國發起的反共組織。

此後墨索里尼就向外宣傳，反共的國家應以「柏林—羅馬—東京」為「軸心」團結起來，共同從事消滅共產黨的工作。

一九四〇年德國、義大利、日本簽訂同盟條約，這三國以反共為名建立「三國反共軸心」，使這三個早就蓄意向外侵略的國家進入瘋狂無懼的境地，對其後國際關係及戰爭進程的發展有極其重要的影響。

「閃電戰」與北歐的淪陷

「閃電戰」起源於二十世紀初期，由德國裝甲師名將古德里安所創造的快速突襲戰術，使用戰車、步兵、砲兵、工兵、後勤部隊及空軍地面攻擊飛機等的聯合作戰方式。

「閃電戰」的目的不在與敵人纏鬥，首重突破敵人的防禦線以深入其後方，並利用部隊的機動性，破壞敵人的補給線、交通線，造成敵人指揮中心的混亂，迫使其投降。

戰爭初期，希特勒採取東西兩線策略，東線以「閃電戰」進攻波蘭，並占領波蘭西部；西線對英、法則按兵不動。

當西線雙方對峙，堅守防線之際，一九四〇年四月德軍忽然閃擊北歐五國丹挪荷比盧，迅速攻占丹麥、挪威，次月越過邊界進攻荷蘭、比利時及盧森堡。一天內征服丹麥，二十三天內征服挪威，五天內征服荷蘭，十八天內征服比利時；盧森堡更快，德軍一宣戰，馬上宣布投降。

▼二戰德軍「閃電戰」作戰方式

兵種	任務
工兵	先行排除戰場障礙，並以火焰噴射器攻堅，協助作戰部隊的攻擊行動。
戰車	掩護步兵以防禦敵人機槍射擊。
步兵	替戰車防備敵人的反擊。
砲兵、轟炸機	轟炸敵方重要戰略設施的通訊中心、將敵人的飛機炸毀在機場，取得制空權，並使敵人的指揮系統中斷。

「敦克爾克大撤退」

馬其諾防線潰敗

當德軍以迅雷不及掩耳的態勢襲擊北歐五國的同時。面對德軍侵略的野心，英、法相繼對德宣戰，並且以聯軍的模式鎮守在德法邊境的「馬其諾防線」上。

英法兩國的作戰思維仍停留在一次大戰的想法，妄想掘壕固守，德軍便會知難而退，正當英、法與德軍在「馬其諾防線」對峙同時，另一支德軍精銳機械化部隊在飛機、戰車掩護下繞過馬其諾防線，從法、比、盧邊界進攻，四十萬英法聯軍在此遭到包圍。

法國投降

法軍防線全線潰敗，德軍在法國北部獲得壓倒性勝利後，南下進攻巴黎。六月巴黎淪陷，三十九天內號稱「歐洲最強陸軍」的法軍投降了。由一戰的英雄、二戰的叛徒貝當元帥出面組閣，成立維琪政權，向德國投降，宣告法國第三共和結束，此後法國被分為兩部分，北部由德國占領，南部則由貝當的維琪政府治理，但必須負擔占領區德軍的軍費，形同希特勒的傀儡政府。

發電機計畫與敦克爾克大撤退

另一方面，英國為保存戰力，發起了一個代號為「發電機計畫」的史上最大規模的撤退行動，英國動員了大小船隻八百餘艘，大到皇家海軍的防空巡洋艦，小到各種小舢舨。這些船隻由其船主駕駛，穿越英吉利海峽，在法國濱海敦克爾克地區與英國泰晤士河入海口間不斷來回。

這場救援行動為期九天，成功將聯軍三十三萬八千多人撤到英國，根據邱吉爾的說法，其中法軍就超過十萬人，這場成功的救援行動，史稱「敦克爾克大撤退」。

▲戰車部隊為德國閃電戰的主要兵種

救援行動實施時，法軍部隊正在南部與德軍進行激烈戰鬥，成功的阻止了德軍對敦克爾克的猛烈攻擊，這支部隊抵達岸邊之後，卻放棄了逃生的機會，最後一批船隊幾乎是空船而返，這批自願斷後的部隊多數均落入德軍的集中營，甚至捱不到戰爭結束，就為國犧牲了。

對英國人民來說，英國遠征部隊的主力在敦克爾克的逃生成功，大大提振了英國人們的士氣，使英國轉危為安，也為日後反攻蓄積能量。

未趕盡殺絕的德軍

但其實整個撤退行動能夠順利執行，是因為德軍並未對撤退的英軍趕盡殺絕。那麼為什麼希特勒會下令裝甲部隊停止對退守敦克爾克的英軍進行攻擊呢？

對此有很多種不同的說法。其中一種是政治上的考慮，希特勒這樣做是

●二戰時的「敦克爾克大撤退」

目的	馬其諾防線潰敗，英法聯軍陷入德軍包圍。 英國為了保存戰力所進行的撤退行動 — 發電機計畫。
時間	1940 年 5 月 26 日至 1940 年 6 月 4 日，共 9 天。
過程	動員八百餘艘大小船隻，大自海軍巡洋艦，小至民間舢舨船，來回穿越英吉利海峽載送士兵。
結果	成功將敦克爾克地區的 33 萬多名士兵安全運回英國，其中法軍超過 10 萬人。
影響	救出了主力部隊，振奮了英國人們的士氣，為之後反攻保存了戰力。

為了給英國作出讓步和提出和談的時間；也有人認為希特勒是擔心敦克爾克周圍的地形才下令停止前進的，避免裝甲部隊陷入溝渠縱橫的沼澤地。

另外一種說法是，空軍元帥赫爾曼．戈林為了跟陸軍爭功，誇下海口說空軍可以完成剩下的任務，希特勒下達這道命令是想讓戈林的空軍來解決最後的問題。結果，德國遇到英國皇家空軍「噴火」式和「颶風」式戰鬥機的頑強抵抗，儘管取得了一些成功，再也無法阻止英軍從敦克爾克的撤退行動。

西歐戰區：「不列顛空戰」及「英倫大轟炸」

「不列顛空戰」

海獅計畫

在納粹德國攻占法國後，希特勒便著手對付英國。德國為了避免與英國開戰，於是在一九四〇年六月向英國提出妥協的要求，但卻遭到首相邱吉爾的正面回絕。

於是，德國制定了針對英國的「海獅計畫」，準備對英國進行登陸作戰。但「海獅計畫」若要能夠順利進行，就必須先瓦解英國的空軍武力，如此才能順利渡過英吉利海峽，對英國本土發動攻擊。

因此一九四〇年八月起，希特勒發動日以繼夜輪番轟炸英國各大城市，企圖摧毀其生產力，並打擊英國人民士氣。

英德雙方的空戰大致可以分成三個階段，第一階段的時間大致從一九四〇年八月九日至八月二十三日為止，此時德軍的作戰目標是摧毀海峽上的英國護航艦隊和沿岸的機場、港口、海軍基地等設施，主要目的是要癱瘓英吉利海峽的英國海軍，並奪取制空權，為橫渡英吉利海峽、入侵英國本土製造最有利的條件。

「鷹日」作戰

八月一日希特勒和德軍總參謀長聯合簽發了對英實施全面空襲的第十七號命令，八月二日空軍司令赫爾曼·戈林下達了空軍作戰指令，赫爾曼·戈林在八月十日以「鷹日」為代號，對英國發起第一次大規模空襲。

八月十日當天英國南部地區天氣惡劣，「鷹日」攻擊被迫延期。

八月十一日和八月十二日，天氣仍不見好轉，於是德軍出動了部分飛機，攻擊了英軍雷達站，雖然英軍雷達站遭嚴重破壞，但德軍只轟炸雷達站的天線，並沒有破壞到核心的控制室，因此英軍能夠迅速修復。不久德軍馬上又發現英軍的雷達信號，因此認為攻擊雷達站並無作用，便停止了對雷達站的攻擊，也因而鑄下了大錯。

八月十三日，被大肆宣揚的「鷹日」攻擊終於展開，由於德軍飛機航程有限，所以德軍在這一階段主要目的就是消滅英國空軍主力，企圖儘可能在英國南部戰鬥中消耗英軍力量，為以後攻擊中部地區創造有利條件。

當天由於天氣仍不理想，部分戰鬥機並沒有按計劃起飛。全天德軍總共投入一千四百八十五架次，白天突擊英國南部的幾個機場，晚間則攻擊英軍飛機製造廠。

皇家空軍共出動了七百二十七架次迎戰，在波特蘭和南安普敦展開的激烈空戰，英軍僅以損失十二架「颶風」和一架「噴火」的代價，擊落德軍四十七架飛機，擊傷八十餘架飛機。

黑色星期四

八月十五日，天氣突然轉晴，留守在空軍指揮部的軍官，第二航空隊參謀長保羅·戴希曼上校，果斷的下令出擊，這一天竟然意外成為不列顛戰役中，德軍出擊規模最大的一天。

在英格蘭南部的激戰中，德軍投入了九百七十五架戰鬥機和六百二十二架轟炸機，發動了四次的空襲行動，猛烈轟炸了英軍五個機場和四個飛機製造廠，英軍先後投入二十二個戰鬥機中隊，全力抗擊。

戰鬥一直持續到天黑，這天是不列顛之戰開始以來最激烈的一天，被稱為「黑色星期四」，照雙方的損失比例，德軍雖然占有數量上的優勢，但始終無法取得英國的制空權。

「英倫大轟炸」

頑強抵抗的英軍

八月二十三日後「不列顛空戰」進入第二階段，此期間英國飛行員一直處於高度緊張狀態，極度疲憊。自從空戰開始以來，英軍有一百零三名飛行員陣亡，一百二十八名重傷，傷亡總數占全部飛行員的四分之一。

因為英國是一個海權國家，空軍人數並不是特別多，在富有經驗的飛行老手大量傷亡後，英國空軍開始出現人員短缺的困境。

儘管如此，英軍依然頑強抵抗，很多飛行員每日超時飛行，九月六日，英軍的出動架次竟然超過了德軍。地勤人員日以繼夜地維護保養、搶修受損的戰機，體力也達到了極限，很多人在工作中突然暈倒。

改變戰術的德軍

就在英軍即將陷入崩潰邊緣的時候，德軍忽然改變了戰術，不再攻擊英軍的機場和指揮中心，轉而對倫敦實施大規模空襲，主要目的是要摧毀對方的抵抗意志。

這一改變完全是因為一個偶然事件，八月二十四日，十二架迷航的德軍轟炸機飛臨倫敦，在市中心投下了炸彈。

八月二十五日邱吉爾下令出動八十一架轟炸機空襲柏林，作為報復。儘管空襲造成的物質損失微乎其微，但在心理上極大震撼了德國。八月二十八日夜和八月三十一日夜英軍又兩度空襲柏林，此舉激怒了希特勒，叫囂要徹底毀滅倫敦。

九月三日，赫爾曼．戈林召開了作戰會議，決定從九月七日起將攻擊重點轉向倫敦。

希特勒也在九月四日演講中聲稱，將以夜襲來回報夜襲，如果英國人投下一千顆炸彈，德國空軍就會以十倍、百倍甚至千倍的炸彈去回敬英國。

於是從九月七日開始，連續七天，德軍不分晝夜對倫敦進行了大規模空襲，使倫敦遭受了巨大的破壞，這就是二戰爭著名的「英倫大轟炸」。但這損失並沒有白費，英國空軍得到了喘息的機會，迅速恢復空軍的戰力。

奮勇作戰的英軍與美國租借法案

不列顛之戰的轉折點

九月十五日是不列顛空戰的轉折點，皇家空軍經過八天的休整和補充，先後出動三百餘架戰鬥機，迎戰前往倫敦的德軍兩百架轟炸機和六百架戰鬥機組成的龐大戰鬥機群。

激烈的空戰持續了一天，在英軍英勇抗擊下，以損失二十架「颶風」和六架「噴火」，還有七架重傷報廢的代價，擊退了來犯的德國空軍。這一天也因此被定為「不列顛空戰紀念日」，以慶祝這場輝煌的勝利。

延後海獅作戰

十月份，德軍繼續對倫敦進行疲勞轟炸，企圖以巨大的物質損失和死亡迫使英國屈服，但在猛烈空襲下，倫敦市民依然照常生活、工作，甚至有位裁縫，在轟炸期間仍然在門口貼上「照常營業」的紙條，而當他的店鋪被炸毀之後，他在廢墟上掛出了「營業更加照常」的招牌。

十月十二日，希特勒決定將「海獅計劃」推遲到一九四一年春，實際上等於放棄了在英國登陸的計劃。

英國王室的卓越表現

為何英國人能夠挺過德軍密集性的轟炸，還能保持樂觀的態度繼續為祖國奮戰呢？可能與英國王室的卓越表現，有很大的關係。

英王喬治五世去世後，王儲愛德華即位，面對納粹德國的崛起，愛德華仍過著風花雪月的人生，堅持要與一個離過兩次婚的美國女人華麗絲結婚，此舉違背了英國國教與王室的繼承規定，首相鮑德溫於是令愛德華做出選擇，並以解散國會作為要脅，不願放棄美人的愛德華，選擇讓位給喬治。

繼位的喬治六世國王，就是現任英

● 1940 年英德不列顛空戰大事記

時間	作戰內容
8 月 11-12 日	德軍出動部分飛機攻擊英國雷達站。
8 月 13 日	「鷹日」攻擊開始，德軍突擊英國七個機場與飛機製造廠，但戰果甚微。
8 月 15 日	德軍出擊規模最大的一次，被稱為「黑色的星期四」。
8 月 24 日	德軍迷航機對倫敦投下炸彈。
8 月 25、28、31 日	英軍空襲柏林。
9 月 7-14 日	德軍不分晝夜大規模空襲倫敦，被稱為「英倫大轟炸」。
9 月 15 日	英軍出動 300 餘架戰鬥機與德軍激烈交戰，使德軍了解英國空軍並未被消滅，反而更強大。
10 月 12 日	希特勒將在英國登陸的「海獅計畫」推遲到 1941 年春。

國女王伊莉莎白二世的父親，喬治六世臨危受命，不但治好自己口吃的毛病，並且與家人留在英國，和全國軍民並肩作戰，國王經常親臨被轟炸過後的災區，指揮救災；皇后更組織婦女團體進行後勤工作，長公主則是到醫院擔任救傷的護士，英國王室不但挽回了自己的聲譽，同時也凝聚了英國人民的抗戰決心，在英國最需要國王的時候，國王毅然決然地留下來對抗納粹德國，那麼英國還有甚麼好畏懼的呢？

美國的租借法案

這場不列顛空戰使美國驚覺，若英國戰敗，美國與中南美洲的安全亦將受到威脅，因此羅斯福總統宣布採取非戰爭手段協助英軍。

一九四一年美國國會通過租借法案，授權美國總統以貸款和租借方式，供應作戰物資予和美國防務有關的國家，美國從此成為「民主國家的兵工廠」。

英國是租借法案實施後第一個受惠者，此舉完全解決了英國無力購買武器裝備的困境。希特勒知道擊敗英國的時機已逝，繼而將注意力移往東歐。

西歐戰區：英國對德國的「模仿遊戲」

德國最強密碼機與模仿遊戲

埃尼格瑪密碼機

接續上一篇的「不列顛空戰」與「英倫大轟炸」，其實在這場戰役的過程中，有另一場看不見的鬥智密碼戰，一九三九年當英國對德國宣戰之後，英國的「第六軍情處」，試圖破解當時無人能破的德軍密碼機器「埃尼格瑪密碼機」（Enigma），這種密碼機又稱為「謎」式密碼機，是一種用於加密與解密文件的密碼機。

艾倫．圖靈的「模仿遊戲」

面對德軍一波波無情的攻擊，英國除了軍事建築外，重要的工廠設施遭到無情的破壞，海上的船隻也遭到德國潛艇無情的偷襲，英國若想在德軍發動攻擊之前，阻止德軍的攻勢，就必須擊敗「埃尼格瑪密碼機」，破譯德軍的密碼。

這讓我們想到二〇一四年一部由英美合拍的二戰電影《模仿遊戲》，講述英國數學家、密碼分析學家艾倫．圖靈在二次大戰中幫助盟軍破譯納粹德國的「埃尼格瑪密碼機」的真實故事。電影中敘述圖靈獨具才能，被邱吉爾任命為小組內的領導人，最後合力研發出破譯敵方機密的裝置，打敗德軍，超過一千四百萬人得以避開戰火，而世上電腦的雛型也宣告在此刻誕生。

然而此部電影雖然賣座，卻與歷史事實背離甚遠。事實上，一開始圖靈就已經建造一部類似德軍「埃尼格馬」的一種機電計算設備——「炸彈機」（Bombes），可以用來重建「埃尼格瑪」所發出的訊息，再進一步破解德國陸軍與空軍的密碼。雖然不能百分之百的破解密碼，但圖靈與他在布萊切利園的小組成員，從戰爭一開始就穩定產生貢獻。

不過，真正破解「埃尼格瑪密碼機」的人，並不是靠圖靈所發明的「炸彈機」，而是一九四一年英國海軍的鬥牛犬號軍艦捕獲德國潛艇U-110，才真正得到德國海軍用的密碼機和密碼本，此事也當成最高機密，只告訴了美國羅斯福總統。這讓原本連數學天才圖靈也破解不出的德軍密碼機得到真正的破解，英國國王喬治六世更稱讚此事件是整個二次大戰海戰中最重要的關鍵。

埃尼格瑪密碼機

乍看是個放滿了複雜精緻元件的盒子，和打字機有點類似。可以把它簡單分為三個部分：鍵盤、轉盤和顯示器。

鍵盤一共有二十六個鍵，鍵盤排列和現在普遍使用的電腦鍵盤相似，為了達成簡短通訊和難以破譯的目的，空格、數字和標點符號都被取消，只有字母鍵。

▲埃尼格瑪密碼機

鍵盤上方有顯示器，但這個顯示器是標示了同樣字母的二十六個小燈泡，當鍵盤上的某個鍵被按下時，這個字母就會被加密，加密文的字母所對應的小燈泡也就亮了起來，就是這樣一種近乎原始的「顯示」。

在顯示器的上方是三個直徑零點六公分的轉盤，它們的主要部分隱藏在面板下，這是密碼機最核心關鍵的部分。舉例來說，當第一次鍵入A，燈泡B亮，轉盤會轉動一格，各字母所對應的密碼就改變了。第二次再鍵入A時，它所對應的字母就可能變成了C；同樣地，第三次鍵入A時，又可能是燈泡D亮了。——這就是「埃尼格瑪」難以被破譯的關鍵所在。

如果連續鍵入二十六個字母，轉盤就會整整轉一圈，回到原始的方向上，這時編碼便會產生一億種可能性的密碼組合。

這樣龐大的可能性，即便能動員大量的人力物力，要想靠「暴力破解法」來逐一破解的可能性，幾乎是完全不可能的。因此「埃尼格瑪」密碼機在當時被稱為不可能破譯的密碼機。

「考文垂大轟炸」的眞相

考文垂市是英國重要的工業城市，也是英國重工業和軍需工廠的重鎮。由於經過第一次世界大戰，機械加工行業高速發展，使得這樣的工業城市迅速轉向了軍事工業的生產。因此，當時考文垂市自然而然成為德國空軍轟炸的一個目標。

一九四〇年十一月十四日夜間，德軍發起代號為「月光奏鳴曲」的空襲行動，對英國航空工業基地考文垂發動空襲。

當晚，德軍共出動四百四十九架HE-111轟炸機，這種戰機使用一種代號為「X-Gerät」的無線電導航技術，特別適合夜間轟炸行動，於是三百九十四噸高爆彈和五十六噸燃燒彈落在考文垂市中心，考文垂頓時一片大火，有五萬多幢建築被炸毀，死傷人數超過一千人，有十二家生產飛機零件的工廠遭到嚴重破壞，英國飛機的生產線因此減產了百分之二十。

英國作家溫特博特姆（F. W. Winterbotham）說，邱吉爾事先已經確切掌握了德軍的空襲計劃，但為了不讓德軍察覺這個「超級秘密」，英國戰時內閣決定一切照常，既不增加考文垂的防空力量，也沒有提前發出警報疏散平民！

不過事實與這位英國作家所說並不同，當時英國情報部門的確收到消息，但只能確定地點可能為包括倫敦、考文垂在內的幾個地點，因此邱吉爾正在前往迪奇利公園的途中，突然被告知倫敦將會被空襲，於是折回唐寧街十號，在空防部備戰空襲。

X-Gerät

大陸方面翻譯成「X-蠟膏」，是一種雙頻無線電接收器，利用兩條無線電長波的交會點來為空軍定位。

由於此次空襲非常成功，而且具備了戰略轟炸的特點，因此被許多軍事家譽為戰略轟炸的「雛形」，在軍事史上具有非常深遠的影響和意義。

非洲戰區：不會打仗的義大利

義大利入侵阿爾巴尼亞

義大利自從獨立建國以來，就是一個不擅長打仗的帝國主義國家，因為對外戰爭中，義大利幾乎沒有太多戰勝的記錄，一戰之後義大利雖為戰勝國，但卻仍躲不過經濟的崩潰以及共產勢力的威脅。

墨索里尼上臺之後，希望重振義大利過去的榮光，對外不斷發動戰爭，但仍不改其不會打仗的本性，依然是輸多贏少的局面。

阿爾巴尼亞在戰略上對義大利非常

重要，因為這是義大利能否控制亞得里亞海峽的關鍵，阿爾巴尼亞又是義大利未來進攻巴爾幹半島的前哨站。

當希特勒併吞奧國及捷克之後，墨索里尼覺得義大利已經變成軸心國陣營中的二流國家，為了拉抬地位，於是決定執行併吞阿爾巴尼亞的行動。

一九三九年三月二十五日，義大利向阿爾巴尼亞政府發出最後通牒，要求對方同意義大利占領阿爾巴尼亞，阿爾巴尼亞國王佐格一世拒絕了義大利的要求。四月七日，墨索里尼的軍隊入侵阿爾巴尼亞，雖然有一些頑強的抵抗，義大利人與阿爾巴尼亞人經過短暫戰鬥，首府都拉斯在四月七日被占領，在四月十日全國遭到占領之後，國王佐格一世流亡海外。

義大利進攻希臘

戰爭爆發的原因是義大利領導人墨索里尼的侵略擴張，到一九四〇年中，

義大利對阿爾巴尼亞的侵略

時間	侵略過程
1939 年 3 月 25 日	義大利向阿爾巴尼亞政府發出最後通牒，要求同意由義大利占領阿爾巴尼亞，遭到拒絕。
1939 年 4 月 7 日	義大利軍隊入侵阿爾巴尼亞，阿爾巴尼亞首府都拉斯同日遭到占領。
1939 年 4 月 10 日	義大利占領阿爾巴尼亞全國。

墨索里尼對希特勒的成功十分妒忌，並希望向其軸心國的盟友證明他也有能力領導義大利獲得相似的成功。

同時，義大利在巴爾幹半島的利益正受到德國的威脅，一九四〇年十月十二日，德軍占領了羅馬尼亞的油田，墨索里尼因事前沒有被知會而十分憤怒，他覺得德國開始侵入歐洲東南部，而這地區是義大利的勢力範圍，墨索里尼希望保持義大利在該區的勢力，並取得可以作為對英國在地中海東部據點發動進攻的基地。

於是三天後他命令在羅馬開會以討論入侵希臘的行動，墨索里尼被他的高級軍官保證對希臘的戰爭只需要兩個星期就可以結束，而其外交部長齊亞諾（他說他能依賴希臘人的個性製造藉口，因為他們非常容易收買）被授權尋求一個戰爭藉口，一個星期後保加利亞國王被邀請參與即將對希臘的打擊，但保加利亞拒絕了墨索里尼

的邀請。

義大利開始宣傳進攻希臘的計畫，不斷重覆挑釁的行為，如飛越希臘領空及用飛機攻擊希臘海軍船隻，甚至一艘義大利潛艇於一九四〇年八月十五日在蒂諾斯港用魚雷攻擊及擊沉希臘巡洋艦「伊利號」，雖然沒有確實證據證明是義大利發動攻擊，希臘政府宣布攻擊是由「不知名的國家」之潛艇發動，雖然維持了中立地位，但人們均知道誰是真正的行兇者（墨索里尼）。

一九四〇年十月二十八日傍晚，在雅典的義大利大使向希臘政府轉交墨索里尼的最後通牒。最後通牒內，墨索里尼要求希臘批准義大利軍隊進入希臘國土內占據一些沒有指明的戰略據點，希臘總理梅塔克薩斯用嚴厲的言語拒絕最後通牒，數小時後義大利開始從阿爾巴尼亞進攻希臘。

義大利最高統帥部本來預計這只是一次軍事野餐，想不到義大利面對希臘的抵抗，毫無招架之力，進攻希臘的部隊被打得退回阿爾巴尼亞，由於被進攻受阻而激怒，墨索里尼決定改組在阿爾巴尼亞的指揮架構，新任指揮官到達阿爾巴尼亞後，在十一月九日立即下令他的部隊轉入防守，因他已經清楚地看到，義大利的入侵失敗了。

希臘的反攻及德國的助攻

成功阻止義大利入侵的希臘軍隊，不但士氣大振，還得到英國的協助，此時義大利的墨索里尼可急了，不但進攻希臘無望，反倒還有失去阿爾巴尼亞的危險，這時候義大利只好厚著臉皮去拜託希特勒幫忙了。

由於英國政府預期德國將進攻巴爾幹半島，所以要求希臘軍隊回防巴爾幹半島，然而希臘人的民族情感不容許放棄來之不易的勝利，以及壓倒一切的軍事邏輯，在面對即將戰敗的義大利人前退縮被認為是可恥的，因此，當德軍進攻開始時，大部分的希臘軍隊（共十五個師），仍留在阿爾巴尼亞，以至於希臘軍隊的二十一個師中只有六個師可用來面對德國的進攻。

由於德軍在巴爾幹半島的攻勢進展快速，一九四一年四月十二日希臘最高統帥部命令從阿爾巴尼亞撤退，四月十四日義大利的第九團也開始配合德軍的攻勢，對英國與希臘軍隊發起反攻，在德義兩軍的夾擊之下，四月二十四日戰敗的英國軍隊開始撤離希臘，而與德義兩國有同盟關係的保加利亞則開始入侵希臘北部，五月三日希臘全線失守，德國及義大利在雅典進行聯合遊行以慶祝軸心國的勝利，這是在希臘（及南斯拉夫）的勝利後墨索里尼的首次演講，宣稱地中海是義大利的海。

雖然德義聯軍取得最終的勝利，但

德、義對希臘的侵略

時間	侵略過程
1940 年 10 月 28 日	義大利對希臘政府發出最後通牒，要求希臘批准義軍進入希臘國土占據戰略據點，遭到拒絕。幾小時後，義軍開始進攻希臘。
1940 年 11 月 9 日	在希臘的抵抗下，義軍轉為防守，希臘獲得英國派兵協助。
1941 年 4 月 12 日	義大利向德國求援，德軍侵攻巴爾幹半島，希臘從阿爾巴尼亞撤退。
1941 年 4 月 14 日	義大利配合德軍的攻勢夾擊英軍與希臘軍。
1941 年 4 月 24 日	英軍戰敗，撤離希臘。保加利亞開始入侵希臘。
1941 年 5 月 3 日	希臘失守，德軍和義軍進入希臘首都雅典。

是德軍對巴爾幹半島的入侵，延誤了德軍進攻蘇聯的時間，反倒使後來的「巴巴羅薩計畫」功敗垂成，實在是德軍戰略上的一大失策。

非洲戰區：「沙漠之狐」與「沙漠之鼠」

義大利進攻非洲的背景

經過了希義戰爭的慘烈教訓，墨索里尼感到很丟人，認為歐洲不是他大展拳腳的地方，所以他決定把目標轉移到非洲戰場上去。於是，大約二十五萬的義大利軍隊開始攻向埃及。目標取得蘇伊士運河的控制權，以減弱英國海軍的制海權。

義大利進攻埃及

義大利當時出動五百多輛L3型坦克（超薄輕型坦克車），這種坦克車的火力只有六點五毫米口徑機槍，完全無砲塔設計，瞄準時需要整車轉向目標開火，火力薄弱又不能對付敵人裝甲車輛，再加上裝甲薄弱而動力系統又故障多，簡直就是一輛武裝過的迷你公車；雖然事後又加入了約莫七十多輛的M11型中型坦克，但是這種坦克在與其他歐洲國家的坦克車對比，仍屬於輕薄型，因為總重量也才十一噸，該車最主要的武器是口徑三十七公釐的主砲，其僅能左右十五度橫擺移動，位置極為固定。而唯一的其他武裝是兩挺在一座旋轉砲塔上的八公釐機槍。機槍由一人操控，而該人必須在狹窄且需要手動操作的砲塔裡開火。

這支由彼得·馬萊蒂將軍所率領的「馬萊蒂集團軍」（由義大利北非軍團第十和第五集團軍組成）張牙舞爪得向埃及方面進攻。

羅盤計畫

當時駐守埃及的英軍大約才三萬六千人，而且還不全都是英國人，主要是印度人、南非人和非洲土著所建成的一支混編部隊，由韋維爾將軍所指揮。

英國軍隊人數雖少，但卻擁有兩百七十五輛的重型坦克，每輛坦克車起碼四十到六十公噸起跳。

而當時義大利坦克車的所有反坦克火砲，完全擊不穿英國坦克的裝甲，甚至誇張點說，義大利一砲打在英國坦克車身上，英國人會懷疑想：「咦？我們中彈了嗎？怎麼沒感覺？」

在義大利發動進攻後，韋維爾將軍隨即命令埃及英軍司令威爾遜將軍策劃一個有限的攻勢計畫將義軍趕出北非，代號為「羅盤計畫」。

英軍一發動反攻，經過十個星期的戰事，義大利第十軍團全軍覆沒，大英國協的軍隊前進了八百公里，光義大利戰俘就抓了十三萬。光一個英國的坦克營，二十九輛坦克，在戰爭期間，摧毀繳獲義大利坦克超過了四百輛。

當邱吉爾打電話給英軍司令韋維爾將軍，問抓了多少俘虜時，韋維爾將軍得意揚揚地說：「數不清，大概有五英畝地的軍官，兩百英畝地的士兵。」

沙漠之狐隆美爾

義大利經歷北非戰役的慘敗之後，墨索里尼只好又找希特勒協助。希特勒沒辦法，把自己手下最能打仗的將領、納粹德國裝甲師三大名將之一的隆美爾派到了北非。

隆美爾將軍指揮兩個裝甲師（第五輕裝師和第十五裝甲師）到了北非，儘管隆美爾僅僅被命令維持戰線，但是一九四一年三月從阿格海拉發動的一次裝甲偵察很快變成了一場全面攻勢。三、四月間，把英國人打退了一百六十公里，盟軍被迫後退並且指揮人員被俘。

隆美爾本人也在一年之內，從中將晉升到了元帥。德國高級軍官的軍銜是少將、中將、二級上將、一級上將、元帥，隆美爾由中將越級晉升元帥，可見他戰功之顯赫。

德軍打到了離蘇伊士運河不到七十公里的阿拉曼，如果英國人擋不住德軍，德軍占領了蘇伊士運河，就等於在英國的脖子上套上了絞索，英國跟它海外最大的殖民地印度之間的聯繫將被切斷。以後盟國船隊就得繞好望角了，而大洋裡都是德國潛艇。所以，必須在這兒擋住軸心國軍隊。

隨後的第一次阿拉曼戰役，雖然英國在奧欽萊克將軍所領導第八集團軍死守之下，守住了阿拉曼，但是英軍損失慘重，德軍隨時可以組織發動第二波攻勢打下阿拉曼。

▲二戰時德國著名將領沙漠之狐隆美爾

沙漠之鼠蒙哥馬利

因此英國派出蒙哥馬利將軍取代奧欽萊克將軍，領導英軍展開第二次阿拉曼戰役，扭轉了北非的戰局。盟軍在阿拉曼的勝利致使納粹德國欲占領埃及、控制蘇伊士運河及中東油田的希望破滅。

蒙哥馬利的計畫是用兩支突擊隊穿越德軍在北部佈設的地雷區，之後裝甲部隊再由此攻擊德軍裝甲部隊。同時一些部隊會在南方佯攻，這樣剩餘的軸心國部隊就不會北上增援。

蒙哥馬利的計畫用十二天的時間，分「闖入，混戰，擊敗」這三步來取得勝利。他的作戰成功分散德軍的主力。英軍神出鬼沒的行動，使德軍為搜索英軍部隊疲於奔命，大量消耗所剩不多的油料，加上趁著「沙漠之狐」隆美爾調回歐洲之際，一舉擊敗德軍，也為蒙哥馬利贏得「沙漠之鼠」的美名。

蘇聯戰區：穿著貂皮大衣的德國軍官

進攻蘇聯的「巴巴羅薩計畫」

「巴巴羅薩作戰計畫」主要是希特勒自己所構思的，這個名稱來自於神聖羅馬帝國皇帝腓特烈一世的綽號「紅鬍子腓特烈」（Barbarossa）。

一些軍事和外交人員也曾勸告希特勒，應該先解決大英帝國後，再開闢對蘇戰場較為妥當，但大多數德軍的參謀幕僚也同意這場侵略應該在某個必要的時間點發起。

希特勒的決策，通常與德軍將領的建議相反，但在那個時間點上，德軍在希特勒領導下，已經占領大半個歐洲，達成了輝煌的勝利，希特勒也自栩為是政治和軍事上的天才。

在那段時間裡，希特勒的驕傲和大膽、加上德軍的精良訓練，在不費多少功夫下便橫掃歐洲十四個國家。在無法逼使英國投降、同時也缺乏海軍和戰略轟炸部隊的情況下，希特勒遂決定將目標轉往東方。

希特勒相信只要蘇聯被擊垮了，英國也不可能再支撐下去。希特勒對自己在西歐的驚人勝利感到自負，同時蘇聯紅軍在一九三九年至一九四〇年間侵占芬蘭未遂的「冬季戰爭」，也讓全世界看到當時蘇聯內部的腐化和戰力低落，於是準備向蘇聯發動攻擊。

由於蘇聯顯露出來的腐敗，希特勒認為在數個月內便能取得勝利，也因此不需準備冬季的配備，這在後來成為德軍受挫的主因之一。

德軍對蘇聯的「閃電戰」

這時候已經喪失理智的希特勒，在英國並未屈服的情況下，悍然進攻世界上地表面積最大的國家，而且同為極權主義國家——蘇聯。蘇德戰爭一爆發，第二次世界大戰的規模就擴大了。

一九四一年六月二十二日凌晨四點四十五分，德軍突襲蘇聯。德軍一百八十一個師、三百七十六萬地面部隊，分三路集團軍對蘇聯發動了全面進攻。空中支援的戰機多達四千三百八十九架，地面上還有四千三百輛坦克以及四萬七千二百門大炮。

開戰當天，德軍輕易的攻破了蘇聯邊境，一週時間便向東快速推進三百英里。而蘇聯完全沒有做好任何戰爭準備，儘管情報部門已經多次發出戰爭逼近的警告，史達林依然拒絕改變心意，認為這是英國故意設計要讓蘇聯和德國開戰的假情報。

史達林始終認為，在英國投降之前，德國不會對蘇開戰。即使是蘇聯間諜之王——理查·佐爾格已經向史達林匯報了準確的進攻發起日期，史達林依然置之不理。

德國政府也助長了這種騙局，向史達林透露德軍的調動只是為了遠離英國轟炸機的航程；還甚至向蘇聯解釋這一切的行動，只是為了混淆英國視聽而已。

德軍的長驅直入

德軍在前半年的攻勢相當順利，蘇聯紅軍被殲滅了四百五十萬人，其中被俘虜的人數有近一百二十萬，德軍傷亡人數約一百三十萬。雖然傷亡人數遠低於蘇聯紅軍，但德國始終沒有達成占領莫斯科的目標。

這是因為開戰以來蘇聯大規模的軍事動員，使得紅軍的人數一直穩定增加，因此蘇聯能夠投入比德國更多的部隊至前線。然而，德國空軍和陸軍有著極為精良的訓練和經驗，在質量上的優勢大幅抵銷了蘇聯的數量優勢，於是雙方呈現僵持的局面。

然而開戰以來，蘇聯這麼龐大的國家為什麼面對德軍的攻勢，卻毫無招架之力呢？

除了德軍「巴巴羅薩計畫」的奇襲成功，也因為大量具備經驗的蘇聯軍官早在「軍隊肅清」（一九三五年到一九三八年）期間，就被迫害殆盡。以至於三分之一的紅軍軍官和幾乎所有高階將領都被處死或流亡至西伯利亞，軍中缺乏有經驗的指揮官，軍隊組織全面癱瘓，這就是德軍攻入俄國如入無人之境的原因。

蘇聯的軍隊肅清

這個行動乃是導因於納粹間諜頭子海德里希所偽造的一批情報文件，這些偽造的文件包括紅軍元帥圖哈切夫斯基元帥與德國最高指揮部成員的通信，此舉引發了史達林的猜疑，於是開始肅清軍隊。

蘇聯軍隊的反攻

蘇聯即將被擊垮之際，令所有對俄羅斯侵略者，皆聞之色變的冬天到來了。

蘇聯十二月份的天氣，氣溫降到了零下三十四度。在大雪紛飛的嚴寒天氣中，德軍士兵還身穿單薄的夏季服裝作戰，因為希特勒完全沒料到，這場戰爭竟會打到冬天。

於是德國陸軍的軍需部門立刻從後方向前線運補冬季裝備，但在運輸路線上又出了大問題，在波蘭境內的道路和鐵路狀況尚稱良好，深入蘇聯領土的部分則是一團混亂，地圖上標示的道路，在實際地區裡往往只是粗糙的塵土道路，或甚至根本沒有鋪設完成，就算是蘇聯境內有鋪設好的鐵路交通線，也因為火車軌距不同而無法使用。

就這樣德國士兵們只能憑著鋼鐵般的意志，學習街友和流浪漢，努力的將報紙塞進夾克來保暖，勉強可以忍耐寒冷的天氣。但是裝備在如此寒冷的氣候下就無法正常運作了。

例如普通的潤滑油在極低溫下無法發揮效用，機槍等自動射擊武器無法正常開火。為了將砲彈裝填進戰車的主砲裡，戰車兵還必須先用小刀刮下黏附於砲管內結凍了的潤滑油；坦克車油箱內的汽油都結冰了，必須先拿噴燈把油箱的油烤化了，所以德軍坦克車一旦發動，就不能熄火，否則又會結凍。

不斷發動的坦克車又遇到了另一個麻煩，冬天寒冷的老鼠，覺得坦克車非常溫暖，全都往裡面躲，肚子餓了就咬斷坦克車內部電線當食物，導致坦克車全都故障無法動彈，德國坦克於是從移動城堡，變成了不動的碉堡。

相反的蘇聯因為坦克車沒德國那麼先進，反而躲過油箱結凍的問題，德軍坦克是燒石油的，蘇聯坦克是燒柴油的，柴油的冰點比汽油低，卻幫了蘇聯一把。

因此，蘇聯人靠著老天爺發威，取得莫斯科保衛戰的勝利，並粉碎德國陸軍天下無敵的神話。德國人傷亡五十萬，其中凍死凍傷三十萬。因為燃料無法補給，很多坦克都被遺棄了。

蘇聯雖然靠天氣勉勉強強挺住了這波德軍的攻勢，將德軍打退了一百多公里。但德軍攻勢只是暫時受挫，正醞釀在下一個春天，發起一波更龐大的攻勢。

蘇聯戰區：史達林格勒保衛戰

背景

德軍自從一九四一年「巴巴羅薩計畫」行動之後，便以雷霆萬鈞之勢，以閃電戰快速地占領了蘇聯大片的領土。

蘇軍在經過夏秋兩季數次戰敗後，於十二月的莫斯科保衛戰發動反攻，成功將德軍自莫斯科外圍擊退，解除了首都面臨的威脅，獲得開戰以來的重大勝利。德軍因為苦於俄羅斯嚴寒氣候的影響，不但攻勢受挫，甚至被蘇聯紅軍打退了一百多公里。

但是到了一九四二年春天起，氣候逐漸回暖，德軍便醞釀重整一波新的攻勢。

史達林格勒的重要性

對希特勒來說，攻占史達林格勒主要基於三個原因：

第一、這座城市是伏爾加河上游的主要工業地區，也是聯繫裡海與蘇聯北部的重要交通中心，德軍如果攻占該城，將有效改善對北部的物資輸送能力；第二、攻占史達林格勒便能掩護當時進攻高加索巴庫油田的德軍左翼，達到切斷石油供應、癱瘓史達林戰爭機器的戰略性目標。最後，希特勒認為該城是用蘇聯領袖史達林的名字命名，如果能攻占它，將能徹底擊潰蘇聯軍隊的戰鬥意志。

由於蘇聯同樣認知到這些目標的戰略價值，即便在時間和資源上有極大限制，依舊動員所有拿得起步槍的男性，強制命令他們進入該城防守。雖然此時的紅軍與德軍相比，機動力十分低，但因為將在龐大市區內進行巷戰，而非野戰，德軍的裝甲部隊與機動的機械化戰術無法發揮所長，而手持小型槍械的紅軍兵士們，則適合此型戰鬥模式，紅軍的缺點可減到最低。

發起進攻的「藍色方案」

該行動原本名為齊格菲行動，齊格菲是德國神話中的英雄，但由於希特勒記起上次用偉大名字「巴巴羅薩計畫」的結果未達預期，因而改用一個普通的名字「藍色方案」。

一九四二年七月，德國重新集結軍力，起初德國以空軍大肆轟炸後，快速的進攻突破了蘇軍的防禦。蘇聯紅軍重演了一九四一年一潰千里的那一幕，四個集團軍被合圍，放下武器投降。

因此在一九四二年七月二十七日，史達林簽署了一項著名的法令——《第二二七號命令》，今後不管任何原因，「一步也不許後退！」，「沒有俄國戰俘，只有叛徒。」任何試圖投降不抵抗者必須處決，他們的家人將被剝奪任何國家福利（和財政補貼）與救濟。

於是蘇聯紅軍各個都拚了命保衛史達林格勒，因為倘若戰死，起碼家人還有撫恤金；若是被當成叛徒處死，全家還得去勞改。於是紅軍總算穩下了陣腳，兩個殘破不堪的蘇聯集團軍，拖住了德國最精銳的第六集團軍。

另一方面，攻入史達林格勒之後，德軍的惡夢就開始了，德國的閃電戰，若是在平原地區，自然是如入無人之境。但是一進城市，展開巷戰之後，在那個沒有衛星導航的年代，就算給你城市街道圖，也不知道怎麼走。何況還會隨時遭到俄國武裝百姓的攻擊，抱著炸彈躲在下水溝旁，坦克車一過來，把炸彈一丟人就跑了，防都防不了。城市之內滿目瘡痍，每個廢墟的磚瓦下，都可能藏著狙擊手，隨時射來復仇的子彈，德軍完全防不勝防。

蘇聯的狙擊手便成功地利用這些廢墟讓德軍產生了巨大傷亡，最成功及最出名的是瓦西里．柴契夫，他在戰役中殺死了兩百四十二名敵軍，瓦西里因為該戰役而被授與蘇聯英雄的稱號。

一九四二年九月十三日，德軍攻入了史達林格勒，在城中雙方進行了寸土必爭的巷戰，儘管德軍在不同階段成功占領城內九成地區，卻仍無法拿下蘇軍在城內最後的防禦地區。

「天王星行動」蘇聯的反攻

德軍的攻勢，在進入史達林格勒後陷入膠著，結果時間這麼一拖，又到了冬天，蘇聯人的季節又來了。

十一月十九日早上七點二十分（莫斯科時間），蘇聯發起代號「天王星行動」的反攻，蘇聯紅軍北翼部隊對位於史達林格勒城區的軸心國軍隊展開攻擊；南翼部隊亦於十一月二日開始進攻，天王星行動使用大量機械化及步兵部隊，直接包圍在史達林格勒附近的德國及其他軸心國軍隊。

為了準備該次進攻，進攻起點被安排在德國第六軍團陣地後方的側翼部位，使德軍無法快速增援這些過度分散的軸心國部隊。紅軍機械化部隊採取鉗形攻勢深深刺入德軍兩翼，同時另一支部隊也在德國第六軍團附近發動攻擊，期能攻擊位於後方的德軍。

在包圍圈中的德軍從史達林格勒郊區撤入市中心。蘇聯部隊為集中在史達林格勒周圍的部隊，開始進行激烈的戰鬥以縮小包圍圈。

惡劣的蘇聯冬季的影響浮現，伏爾加河河面結冰，令蘇軍更容易進行補給，被圍的德軍迅速的消耗了取暖燃料和醫療用品，數千士兵因凍傷、營養不良和疾病而死去。

德國最精銳的第六集團軍全軍覆沒，第六集團軍總司令鮑盧斯投降，結束了這場「史達林格勒保衛戰」。史達林格勒戰役從一九四二年七月十七日至一九四三年二月二日為止，是第二次世界大戰蘇德戰爭的轉捩點，單從傷亡數字來看，這場戰役也是近代歷史上最為致命的戰役之一，雙方陣亡估計約七十一萬人，參與這場戰役的人數，也比歷史上的其他戰

二戰德、蘇作戰計畫

計畫	發動者	目的	時間	結果
巴巴羅薩計畫（紅色方案）	德國	入侵蘇聯	1941 年 6 月 22 日 -1941 年 12 月	初期德軍長驅直入到莫斯科，冬季後遭到蘇聯反攻。
藍色方案	德國	攻占史達林格勒	1942 年 7 月 -1942 年 11 月	9 月成功攻入史達林格勒，但無法全部占領。
天王星行動	蘇聯	反攻在史達林格勒的德軍	1942 年 11 月 19 日	成功將德軍第六軍團殲滅，結束了史達林格勒保衛戰。

役都來得多，更以雙方均不在意軍隊與平民的傷亡著稱。

珍珠港事變與盟軍的反攻：敲醒沉睡中的巨人

挑起戰爭的背景

由於希特勒在歐洲作戰的成功，大大刺激了他在亞洲的夥伴——日本。

日本是一個對「武士道精神」十分迷戀的民族。日本人在二戰期間，總是不斷自我催眠，認為「大日本皇軍，武運昌隆」必定可以稱霸世界。

為什麼日本人會有自己天下無敵的錯覺呢？因為自牡丹社事件後日本併吞琉球，到後來甲午戰爭吞併朝鮮，日本對決過去亞洲的老大中國，不但戰無不勝，甚至還可以用摧枯拉朽來形容；日本想吞併中國的東北，俄國也對東北也懷有野心，日本又跟俄國打了一仗，在英美兩國背後的支援下，日本又贏了俄國。這就讓日本人的信心快速膨脹，驕傲地認為自己是世界上第一個擊敗白種人的有色人種。

這空前的勝利，也讓日本真的相信武士道精神可以戰勝鋼鐵。所以，它要吞併整個中國、乃至太平洋地區，建立起「大東亞共榮圈」。

日本發起太平洋戰爭的原因

日本人看到他的大哥——德國，幾乎併吞了整個歐洲，所以日本人也喊著要在亞洲建立起以日本天皇為中心的「大東亞共榮圈」。

此話一出，便損及美國在亞洲的利益，因此，美國對日本發起經濟制裁，進行軍事戰略物資的禁運。

日本被美國這麼一制裁，其侵華攻勢立刻受阻；日本在中國戰場上想要「速戰速決」，偏偏又遇上蔣介石的「以空間換取時間」，日本為了活下

●二戰前日本在亞洲的侵略

年代	內容
1874	牡丹社事件後併吞琉球。
1895	甲午戰爭後獲得臺灣、遼東半島。
1905	日俄戰爭獲勝，獲得俄在北滿洲的利益。
1910	併吞朝鮮半島。
1931	九一八事變後，占領中國東北。

去，必須盡快取得戰爭資源，才能繼續作戰下去。

因此它們把目標鎖定在東亞地區，所以日本軍部便制定了「南進政策」的計畫。南進政策若要能夠順利地執行，必須先消滅南洋地區和西太平洋地區的英美勢力。

日本想要跟美國開戰，這簡直就像是小蝦米打大鯨魚。

美對日的經濟制裁

此即「ABCD 包圍網」。取自四個國家的頭一個英文字母，包括美國（America）、英國（Britain）、中國（China）與荷蘭（Dutch）。

由於日本的擴張及排除其他列強勢力，引發當時英國與美國對日本進行貿易制裁與經濟封鎖。其中石油與鋼鐵的禁止輸入對日本的影響最大（刺激日本偷襲美國在太平洋上的珍珠港基地）。

打仗本身就是一場經濟的消耗戰，現代戰爭更是比上交戰雙方的工業實力。當時美國的鋼、石油、造船等工業產量都遠遠超過日本。日本已經窮得叮噹響，還敢跟美國開戰，簡直就是找死！但日本人就是不知死活，發動了珍珠港事變，挑起了太平洋戰爭。

日本突襲珍珠港

一九四一年十二月七日星期天早上七點五十五分，秘密航行十二日、行程約六千六百公里的日本艦隊，在聯合艦隊司令山本五十六的指揮下，用艦載機對珍珠港發動突然襲擊，炸沉、炸傷太平洋艦隊近二十艘大型艦隻，其中包括八艘戰鬥艦，擊毀飛機約兩百三十餘架，美軍死亡約兩千三百多人，在港內的美國太平洋艦隊幾乎覆滅。

日本只損失飛機二十九架、大小潛艇六艘、死亡約一百人，這是第二次世界大戰中繼德國進攻蘇聯後又一次舉世震驚的突襲，宣告了太平洋戰爭的爆發。

偷襲珍珠港引起美國全民的憤慨，第二天美、英即對日宣戰。十二月九日，中國政府也對日、德、義宣戰。如此這般，第二次世界大戰的轉捩點就到來了，法西斯國家的喪鐘即將敲響。

日本眞的「偷襲了」珍珠港嗎？

今天有種觀點，認為美國人是故意讓日本偷襲珍珠港的，為什麼這麼說呢？第一，美國早已破解日本通訊密碼，理論上應該知道日本要偷襲珍珠港。第二，事變前三天，太平洋艦隊的三艘航空母艦都正好調開，只留下老舊戰艦。

為什麼美國要故意讓日本偷襲呢？有種說法是由於一戰之後，美國又回到孤立主義的國家政策，因此美國不

▶日本偷襲珍珠港

二戰的轉捩點 ── 「珍珠港事變」

背景	美國對日本的經濟制裁，迫使日本先得消滅英美在南洋與西太平洋的勢力，取得東亞的戰爭資源。
時間	1941 年 12 月 7 日早上 7 點 55 分
過程	秘密航行 12 天、6600 公里的日本艦隊，在聯合艦隊司令山本五十六的指揮下，用艦載機對珍珠港發動突襲。
結果	珍珠港內的美國太平洋艦隊幾乎覆滅。
影響	美國對日宣戰，太平洋戰爭爆發。

干預美洲以外的其他事務。

但自從一九二九年「經濟大恐慌」以來，美國的經濟一直處於谷底，雖然羅斯福總統的「新政」的確改善了美國的經濟問題，卻仍舊沒有讓美國擺脫經濟的困境。

因此美國政府想藉由對外發動戰爭，來刺激國內經濟。但為了不抵觸孤立主義的國家政策，於是刻意製造珍珠港事件來激起民情輿論的支持。

「肉餡計畫」及「義大利的反攻」

反攻義大利前的準備

英美盟軍在一九四二年十一月八日至十一月十日間，執行「火炬行動」之後，成功的占領了北非，緊接著準備渡過大海，向義大利進攻。但是進攻義大利有兩個登陸點的選擇，一個是離北非較近的西西里島；另一個則是較靠近義大利中部的薩丁島。盟軍的計畫是直接從北非登陸西西里島，再向北義大利推進，但是為了減少戰鬥的損失，並期待能成功的登陸，於是英國情報部門設計了一場天衣無縫的欺敵作戰計畫，讓義大利與德國軍隊誤以為盟軍是要在薩丁島登陸。

天衣無縫的「肉餡計畫」

該計畫的主要設計是，從醫院找到一具肺炎過世的無名屍體，將他扮成聯合作戰司令部參謀、皇家海軍少校威廉・馬丁。至於為什麼要找肺炎過世的屍體來假冒英國軍官呢？因為死於肺炎的病患，肺部會有較多氣泡，看起來比較像是溺死的狀態。

一九四三年四月三日，西班牙南部城市維爾發的海灘上發現一具被海浪沖上岸的英國海軍軍官屍體，在他的皮夾裡，有身分證件，還有幾英鎊的零錢和女友的照片，以及前幾天剛剛在倫敦電影院看完電影的票根，更重要的是還發現一個手提箱，這個手提箱緊緊地用手銬，銬在屍體手上。而這具刻意安排的屍體，則是英軍用潛艇偷偷運抵西班牙，將其拋入維爾發附近海域，用來欺騙德國人的。

於此同時，倫敦海軍公證司傷亡處把「威廉・馬丁」與一九四三年四月二十九至三十日陣亡的其他將士姓名一同公佈。當西班牙告知英國發現這名軍官屍體同時，英國官方立刻向西班牙當局發出強烈的外交聲明，要求西班牙政府立刻歸還少校的屍體，並用最嚴厲的口氣要求，「絕對不可以」打開少校的手提箱。

正所謂好奇心會殺死貓，英國海軍當局越是說不可以打開箱子，西班牙政府就越想打開，結果打開一看，驚人的發現箱子裡裝有盟軍進攻薩丁島的作戰計畫。

為增加可信度，英國情報部門還特地請蒙巴頓勛爵，給英國地中海艦隊總司令坎寧安寫一封信，並將信放入死者手提箱的文件袋裡。與德國關係一向密切的西班牙參謀本部，立刻將死者攜帶的文件拍成照片送給了德國。

德國納粹情報機構欣喜若狂，以為他們意外地獲取了盟軍的最高軍事機密，後來英國情報當局還補上一槍，為這位皇家海軍少校，舉辦了一場隆重的葬禮，而照片中的冒牌女友，還在喪禮上流下幾滴不真實的眼淚。英國情報處的這個行動，也成功掩蓋了盟軍在西西里島登陸的作戰計畫，這個天衣無縫的作戰計畫，就被稱為「肉餡計畫」。

戰無不敗的義大利部隊

一九四三年九月，盟軍約四十七萬人進攻義大利的西西里島，島上有一個德國裝甲師團和兩個義大利軍團，共有大約三十六萬五千名義大利軍及大約四萬名德軍，德國裝甲師奮勇抵抗，且戰且退，撤退到了義大利本島。但反觀義大利軍團，當英美聯軍進行登陸作戰的時候，只遭到駐紮在海岸的義大利部隊的輕微抵抗，因為這些部隊缺乏必要的重型裝備，幾乎一槍不放，就投降了。

戰役結束之後，軸心國共傷亡兩萬九千人，並有十四萬人被俘。（主要是義大利士兵，據盟軍的記錄來看，其實有不少人是主動逃離戰線，而不是被迫投降的。）

然而德軍的奮勇抵抗，使得軸心國陣營成功從西西里撤出超過十萬人及十萬輛車輛，面對盟軍如此巨大之海空優勢，算得上是非常驚人的成功。

一九四三年七月，英美聯軍在西西里島登陸成功後。義大利經歷了這一連串的軍事失敗，在一九四三年七月

英、美反攻義大利的肉餡計畫

背景	英、美盟軍在奪回北非後，決定向義大利進攻。
時間	1943 年 4 月 3 日
目的	讓義、德誤認為盟軍要在薩丁島登陸，掩蓋盟軍實際是要在西西里島登陸的計畫。
過程	用威廉．馬丁（英國海軍少校）的假屍體，流出盟軍進攻薩丁島的計畫。
結果	盟軍登陸西西里島成功，隨後成功占領義大利，並將墨索里尼逮捕軟禁。

二十四日，大法西斯議會通過了對墨索里尼提出不信任議案，隔天，墨索里尼就被國王埃馬努埃爾三世解職、逮捕，隨後在八月二十七日被轉移軟禁在大薩索山帝王臺的一間別墅裡。

同年九月十二日，德國發動「橡樹行動」，實施突襲行動以滑翔機成功營救出被軟禁的墨索里尼。九月十七日，墨索里尼在義大利北部薩洛出任「義大利社會共和國」傀儡政府總理。與南部已被盟軍占領的義大利王國分庭抗禮，一直堅持到一九四五年大戰結束。

最長的一日：諾曼第登陸

開闢第二戰場的「德黑蘭會議」

德國法西斯進攻蘇聯和日本偷襲珍珠港以後，英美兩國與蘇聯結成了反法西斯同盟，共同對德國作戰。

一九四二年一月一日，中、蘇、美、英等二十六個國家在華盛頓發表了《聯合國家宣言》，表示要全力對抗德、義、日法西斯。就這樣全世界殖民地最大的國家——英國；全世界工業最強的國家——美國；全世界領土最大的國家——蘇聯；全世界人口最多的國家——中國，形成了國際反法西斯統一戰線。

一九四三年十一月二十八日，羅斯福和邱吉爾飛到德黑蘭去會晤史達林，召開了「德黑蘭會議」。會議主要商討開闢西歐第二戰場，第二戰場的開闢是為了減緩蘇德戰場上蘇聯友軍的壓力。其實關於這個議題，反法西斯同盟內部早已爭論多年了。

早在一九四一年六月二十二日蘇德戰爭爆發後，史達林便一直催促英國和美國在歐洲開闢第二戰場，以緩解蘇聯所受到的壓力，但都被英美以各種藉口拒絕。

到了一九四二年七月，此時蘇聯紅軍正於南部的史達林格勒與德軍進行生死大決戰。在這場歷時七個月的戰役中，蘇聯紅軍消滅了大約一百五十萬軸心國軍隊，扭轉了蘇德戰爭，同時牽制德國的力量，幫助英美盟軍成功在北非登陸，扭轉了北非戰局。另一方面，美國在中途島海戰勝利後，也掌握了太平洋戰場的主動權。

於是一九四三年一月，英美在摩洛哥卡薩布蘭卡會議上商討西歐登陸計畫，但英國仍堅持首先從北非進攻義大利的西西里島，之後再開闢歐洲第二戰場。

直到一九四四年五月，蘇德戰場勝負已定，這時若再不開闢歐洲第二戰場，史達林搞不好就跟德國和解了，英美等國為了維護自己在歐洲大陸的利益，才在法國實施諾曼第登陸成功行動，從西線進攻德國。

為什麼英美等國總是遲遲不肯開闢西歐戰場呢？有一種看法是邱吉爾希望看到戰爭結局，是德國人與蘇聯人這兩大極權主義國家，兩敗俱傷，自我毀滅。

欺騙德軍的「堅忍行動」

盟軍準備要反攻法國，而這個登陸戰的代號叫「霸王行動」，其準備工作超過一年。盟國以英格蘭為基地，聚集了三百萬人，五千艘艦艇和一萬一千架飛機。

盟國在發動登陸戰之前，還利用反間諜作戰的手法，包括在士兵屍體中放置假文件，誤導德軍相信盟軍會在法國北部較寬廣的平原或加萊登陸，盟軍也建造了三個人工港，這種人工港的代號叫「桑椹」。

這時，德軍的總指揮官為「沙漠之狐」隆美爾，他相信諾曼第登陸只是偽裝，而主要的入侵會在加萊地區，因為這裡是英法海峽最窄處，而且此處有從俄國調來的精銳部隊，於是德國便在大西洋沿岸集結了六十個師的兵力，其中有十一個是裝甲師，準備迎敵。至於為什麼能夠讓德軍認為盟軍會選擇在加萊登陸呢？主要就是「堅忍行動」的實施。

「堅忍行動」是「護衛行動」的一部分，它分為北部和南部兩個組成部分，北部行動的目的是將德國的坦克部隊吸引至德國到挪威之間的廣大區域，從而空出諾曼第地區。南部的行動則更為重要，它主要是吸引德軍部隊去保衛加萊地區。

為了達到欺騙德軍的目的，盟軍在英國東南部建構了一些虛假的部隊。這些部隊透過空中偵察來觀測時很像是正規裝備，比如在英國東南部有一支由大型氣球所作成的假坦克、車輛和大砲構成的龐大部隊，它們被標記為第三軍。而多佛港內，也有一支由木頭、橡膠戰艦和貨輪組成的艦隊。納粹德國空軍靠著空中偵察發現了這些部隊，益發讓德國堅信盟軍會在法國的加萊地區登陸。

其實早在一九四四年初，德國就已經失去了對英國東南部地區的制空權。而英國刻意讓德國偵察機進入這個領空，好讓德軍獲得這一地區的空拍照片，這些照片上可以看到由氣球構成的假坦克、大砲和戰艦。甚至在諾曼第登陸前的一個晚上，許多盟軍飛機還刻意在加萊投下了炸彈。

最長的一日「諾曼第登陸」

一九四四年五月，一百五十萬美軍、大批大英國協各國軍隊群集英國，等待艾森豪一聲令下，就跨越海峽進攻法國；不過，艾森豪必須等待氣象團隊選擇適合的時間。因為發動登陸行動必須在滿潮時刻，空降行動則面臨風速、能見度與雲層的限制，如果有滿月更好。於是，氣象幕僚給了艾森豪六月初與六月中下旬兩個時間點。

艾森豪原本下令「六月五日」進攻，但是到了六月四日，天氣依舊惡劣，迫使行動延後二十四小時。氣象單位預測，六月五日至六月六日間將有一個天氣良好的空檔，於是艾森豪最後決定：「六月六日」（D-day），發起他所謂的「歐洲十字軍」進攻。

諷刺的是，德軍的氣象預報不如英國來準確，這讓德軍誤判六月六日天氣依舊惡劣，在此狀況之下盟軍不會發動進攻；隆美爾甚至乘機返回德國，陪伴妻子過生日。

盟軍發動登陸之後，第一日就有大約十五萬六千人從海上和空中登陸，盟軍很快的在灘頭陣地上建立了代號「桑椹」的人工港，迅速進駐大量的裝備和人員。同時，盟軍也掌握了完全的制空權。

在「登陸日」（D-Day）的一百天內，陸續有兩百二十萬軍隊，四十五萬輛車輛進駐該地區。七月初，盟軍亦從諾曼第打進了法國北部開放的平原。

諾曼第登陸的成功在於欺敵，使德軍部署方向有誤，並利用準確的氣象預報，達成奇襲德軍效果；另靠著絕對的制海權與制空權，壓制德軍反擊兵力，最後花了兩個多月時間擊潰德軍防線，一口氣收復巴黎。

諾曼第登陸因此成為歐洲戰場的轉捩點。如此成功，也掩蓋了諾曼第登陸中許多「不盡人意」之處。

日本的護國神風與美國的曼哈頓計畫

太平洋戰場的轉折：中途島戰役

在珍珠港事件之後，日本相繼占領

歐洲戰場的轉捩點 — 諾曼第登陸

背景	德黑蘭會議後，在蘇聯要求下，英、美決定開闢歐洲第二戰場。
時間	1944 年 6 月 6 日
目的	登陸反攻法國。
準備	實施「堅忍行動」，讓德軍誤判盟軍登陸地點。
結果	盟軍成功登陸，並打進法國北部平原，最終擊潰德軍防線。

南洋諸島，美國則於四月空襲東京。日本意識到了中太平洋的威脅，從而試圖占領中途島，並圍殲美國艦隊。

一九四二年六月四日到七日，日本海軍大將山本五十六將航母主力全數部押在這次進攻中途島的戰役上，但由於美國已成功破譯日本密碼，從而以逸待勞，在中途島附近伏擊了日本機動艦隊，結果日軍四艘航母、一艘巡洋艦被美軍擊沉，兩百二十八架飛機被擊毀、三千零五十七人死亡，日本海軍受到重創。美國則以損失一艘航母、一艘驅逐艦、九十八架飛機、三百零七人陣亡的代價，成功贏得中途島戰役。

中途島戰役是太平洋戰爭的轉折點，此戰之後，日本再也無力組織大規模進攻。

一九四二年十一月瓜達康納爾島戰役後，麥克阿瑟將軍開始向太平洋海域上的日軍進行反攻，美軍對日軍在東南亞所占的較大島嶼如東印度群島、馬來半島等，先不予理會，而是選擇太平洋中較具軍事價值之小島進攻，每奪一島嶼就建築海、空軍基地，這就是有名的「跳島戰術」。

美軍欲藉此戰略縮短進攻日本本土的路線，若順利攻陷，則在中國戰場、東南亞各地的日軍將不攻自垮。

使日本陷入瘋狂的「神風行動」

當美軍不斷收復太平洋上各個日軍所占領的島嶼時，日軍由於戰爭資源嚴重不足，加上戰力本來就不及美軍的同時，日本軍部為了能夠保衛本土，扭轉戰局，制定了一個「神風行動」的作戰計畫，這就是著名的神風特攻隊。

這個戰術最早出現在一九四四年美軍反攻菲律賓的雷伊泰灣海戰中。當時日軍在菲律賓的飛機極其有限，而美國強大航母艦隊勢如破竹，意圖重占菲律賓，如果美軍成功，那麼日本與南洋之間的運輸通道將會受阻。

所以日本便以掛彈飛機撞擊美軍戰艦的瘋狂自殺方式攻擊美軍航母艦隊，藉此擊毀、擊傷了多艘美海軍軍艦。此一戰術奏效之後，大量的自殺飛機，前仆後繼地衝向美國在太平洋海面上的各式軍艦。結果飛機摔完了之後，日本軍部陸續推出新的對戰方案，例如：「震洋特攻隊」、「回天特攻隊」、「櫻花特攻隊」等瘋狂的自殺行動。

在一九四五年沖繩戰役中，日本各種特攻隊更是瘋狂襲擊美軍航母及各類戰艦，造成美軍數十艘航母和戰艦被擊沉。但此瘋狂行動未能挽回日本失敗的命運，美軍仍舊不斷逼近日本本土，日本因而被戰爭徹底拖垮。

報復性的東京大轟炸

面對日軍不厭其煩的自殺攻擊，

美國遠東空軍總司令李梅將軍，於一九四五年二月二十三日到二十四日、三月九日到十日、五月二十五日，分三次轟炸，約莫出動將近一千架次的B-29轟炸機，每架飛機攜帶六至八噸燃燒彈，燃燒面積可達六千五百平方公尺。

這種燃燒彈，就是凝固汽油彈，具有毀滅性的燒灼效果，而且燃燒彈還有另外一個危險的效果，是它會「急速消耗附近空氣中的氧氣，並產生大量的一氧化碳」，進而造成鄰近的生物窒息。

美國這三波轟炸把東京燒成一片火海，因為日本的房子，基本上以木造為主。使燃燒彈的效果特別好，甚至還在東京地區燒出了「火龍捲」。

只是美國人萬萬想不到日本人還是堅持不投降，甚至堅持本土決戰。

原子彈攻擊

經過美軍的東京大轟炸，日本本土遭受前所未有的猛烈攻擊，一九四五年七月二十六日，中美英三國聯合發表《波茨坦宣言》（又稱《中美英三國促令日本投降之波茨坦宣言》），呼籲日本無條件投降。

但是日本人似乎還沒有從武士道的夢幻中清醒過來，日本陸軍大臣阿南惟幾公開宣稱要本土決戰，喊出「一億國民總玉碎。」準備全國總動員，出動日本藝妓、相撲手、日本和尚還有學生，以武士道精神武裝自己，要跟美國人決一死戰。這下子可讓美國人看傻了眼，決定讓日本瞧瞧本世紀最可怕的戰爭武器——原子彈。

一九四五年八月六日，美軍以一架超級空中堡壘攜帶一顆當時發明不久的原子彈，投於廣島，而使廣島一半的地區炸毀，死傷人士多達七萬多人。八月八日蘇聯向日本宣戰，八月九日美國飛機又將第二顆原子彈投於長崎。

日本至此已知無法再戰，經過御前會議的決定，八月十日日本分向英、美等國求和，八月十二日美國國務卿在無線電廣播中公開表示接受，十三日給日本的正式覆文中也已列舉日本須遵守的各項要點，八月十四日日本天皇就正式下詔投降，並親自向各地日軍廣播放下武器，停止對反軸心國家的作戰。

日本特攻隊

震洋特攻隊：用快艇載著汽油桶和炸藥，衝向美國軍艦。

回天特攻隊：將魚雷改造成一個可操控的駕駛艙，讓人員進入駕駛艙中，操控魚雷攻擊。

櫻花特攻隊：將飛彈改造成一個可操控的駕駛艙，讓人員進入駕駛艙中，操控飛彈攻擊。

八月二十六日，美國大批軍隊分別在日本各重要港口登陸，分赴日本各地執行占領的任務，直至九月二日麥克阿瑟以聯軍最高統帥的身分，在停泊於東京灣的密蘇里號軍艦上，接受了由日本外相重光葵簽字的投降書，完成了受降儀式，歷時三年多的太平洋戰爭從此才算正式結束。

曼哈頓計畫

早在一九三八年冬，德國科學家漢恩與史特拉斯曼，已經成功利用中子來擊破鈾的原子核，使之分裂爆炸，接著德國就秘密研究製造原子彈的方法。

到了一九三九年第二次世界大戰爆發後，愛因斯坦向當時美國總統羅斯福提出警告，民主國家必須趕快研究原子彈，勿讓德國搶先，否則後果將不堪設想。

羅斯福接受這個警告，後來就撥發二十億美元的經費，邀美、英、加拿大等國的高級科學家三萬多人，秘密從事有關製造原子彈各項問題的研究。

一九四二年冬，佛爾美首先發現鈾235原子核連鎖反應的控制方法。再經過歐本海默領導原子工廠十二萬多位員工，三年多的辛勤工作，直至一九四五年七月才製成原子彈。這個造彈計畫被稱為「曼哈頓計畫」。

▲提醒從事原子彈計畫的人守密的廣告牌

戰後經濟復甦與美蘇對峙——馬歇爾計畫

二次大戰後，美、蘇成為世界兩大霸權，但雙方政治立場有所差異，並演變成對立的情況。由於雙方並未爆發直接且正式的軍事衝突，故被稱為「冷戰」。

兩極對立的格局與「冷戰」的形成

第二次世界大戰後的世界，形成了延續幾十年的兩極格局，美蘇對峙，各自攏絡一幫附庸國形成了兩大陣營。

兩極格局的產生肇因於一九四五年初美、英、蘇於蘇聯雅爾達進行的國際會議，因此也被稱為「雅爾達體系」。在這個體系之下，形成了美蘇冷戰的局面。而冷戰時期開始了美蘇爭霸的情勢。

兩極格局是從一九四五年開始，冷戰則是從一九四七年開始。美蘇爭霸的局面是從一九五〇年代中期開始，到一九九一年蘇聯解體，兩極格局才正式宣告結束。

二次大戰後，美、蘇成為世界兩大霸權，但雙方政治立場有所差異，加以蘇聯全力向外擴展共產勢力，使美、蘇無法再維持戰時的合作關係，並演變成對立的情況。由於雙方並未爆發直接且正式的軍事衝突，故被稱為「冷戰」。

「馬歇爾計畫」與「杜魯門主義」

二次大戰的破壞遠超過一次大戰，歐洲社會殘破不堪，西歐各國經濟瀕臨破產邊緣，失業民眾蜂擁各地，不安的情緒普遍瀰漫。雖然有聯合國善後救援總署負責處理糧食與居住的基本問題，但根本解決之道還是要尋求歐洲經濟的復興。

蘇聯將東歐各國轉變為共產國家，並欲將影響力擴及土耳其與希臘，且在亞洲扶植共產黨奪取政權。

該時尚未遭赤化的西歐各國，隨時也有落入共產鐵蹄之下的危險，當時蘇聯擁有九百萬共產黨員；中國擁有五百萬共產黨員；義大利擁有四百萬共產黨員，隨時有可能赤化為共產義大利；更糟的是身為西歐龍頭的法國當時也有兩百萬共產黨員，還有五十萬共產黨軍隊，要公民投票成為共產法國，它起碼有兩百萬票，可以變更國體；若是要武裝革命，它也有五十萬與納粹德國打過仗的沙場老兵。

一時之間，似乎歐洲大陸隨時有落入共產鐵幕的危機，聯合國無法抑制蘇聯為首的共產主義向外擴張，英國又因經濟衰落無法提供任何協助，只剩美國能遏阻共產勢力持續壯大。

一九四七年三月十二日，美國總統杜魯門在國會發表諮文，要求美國援助受到共產主義威脅的希臘和土耳其，提出了採取除武裝進攻之外的一切敵對行動，「遏制共產主義」，此政策被稱為「杜魯門主義」。此政策的提出，標誌著冷戰時期的正式揭幕。

杜魯門主義促使美國參與全球軍事與經濟事務，隨後進一步推動馬歇爾計畫，以加速歐洲經濟復興，並牽制共黨的發展。馬歇爾認為「貧窮是共產主義生長的唯一土壤」，只要人人吃飽了，日子過得好了，共產黨自然會遭人遺棄。

馬歇爾計畫迅速獲得歐洲回應，一九四八年四月歐洲各國組成歐洲經濟合作組織，馬歇爾計畫乃開始推行，美國提供一百三十億美元，主要援助西歐十六國，百分之九十是無償贈予，獲得額度最多的是英國，其次是西德，受援國中甚至包括土耳其。

馬歇爾計畫造就的經濟成長與繁榮維持二十餘年，成果遠超過當時策畫者的預期。美國運用經濟資源協助並復興歐洲各國，不僅恢復國際市場，還獲得更高的生產利益，無疑是最大受惠者。

由於美國堅持擁有對受援國家內部預算的監督權，並規定大多數款項須用來購買美國出口物資，蘇聯認為此舉干涉各國內政，拒絕參加該計畫，連帶禁止東歐各國參與該計畫。

在蘇聯眼中，馬歇爾計畫的目的是要將西歐國家納入美國經濟軌道中。因此，在馬歇爾計畫成功提振西歐各國經濟時，卻也加深美蘇兩國之間的對立。一九四九年，蘇聯在莫斯科成立「經濟互助委員會」，加強共產國家之間互相合作的經濟關係。最初成員包括蘇聯、東德、保加利亞等國，後來古巴等國陸續以非正式會員的身分加入，頗有與歐洲經濟合作組織較勁的意味。

美蘇的對抗與「圍堵政策」

所謂的「圍堵政策」是指一九四七年七月在《外交事件》雜誌，發表的代號為「X」的圍堵計畫，這個計畫被定義為一項「圍堵蘇聯帝國主義」的政策，並在一篇署名文章《論蘇聯行為起因》中，作者凱南證明了社會主義體制的缺陷，並且表明：當美國真正看清自身的實力並且接受主導的地位時，美國完全有能力出手限制蘇聯的擴張。

西歐各國在圍堵蘇聯擴張的前提下，於一九四九年由美國為首的西方基督教民主國家，包括英國、法國、加拿大等十二國外交部長，在華盛頓簽訂北大西洋公約，明訂「締約國之一在歐洲或北美遭受武力攻擊時，即視為對全體締約國的攻擊。」

公約簽訂後，美國基於防務互助，撥款十多億美元協助締約盟國重整軍備。次年，締約各國同意將各國軍隊聯合起來，成立「北大西洋公約組織」（NATO），可隨時動員作戰，成為圍堵政策下首先建立的軍事防禦體系。

蘇聯為反「北大西洋公約組織」，於一九五五年以蘇聯、東歐、波蘭為首的共產主義無神論國家，在波蘭首都華沙簽訂防衛互保的軍事同盟條約（華沙公約），成「華沙公約組織」（WTO，又稱為「蘇東波集團」），總部設於莫斯科。根據此約，蘇聯有權派遣軍隊進駐各締約國，以此達到控制東歐各國的目的。此後以美國為首的北大西洋公約組織與以蘇聯為首的華沙公約組織，形成武裝對峙局面。

▲二戰後，形成美國與蘇聯比拚的局面

冷戰局勢下的國際危機

冷戰時期，出現了兩次重大的國際危機，都險些釀成戰爭，第一次是柏林危機，第二次則是古巴飛彈危機。

柏林危機與柏林圍牆

在雅爾達會議中，西方列強與蘇聯史達林達成協議，將德國分為東西，東部由蘇聯占領，西部由英、美、法占領；柏林也分為東西兩區，由四國分區占領。英、美、法三國在德國占領區互相合作，傾向扶植西占領區經濟復興，加速歐洲復原。但蘇聯對德國復興如芒刺在背，決議攫取德國資源以補償戰時的損失。四國監管德國期間，目標不同，彼此針鋒相對，難以真誠合作。

一九四八年，英、美、法為對抗通貨膨脹，建議改革貨幣。史達林反對在東占領區使用新馬克，宣布退出管制德國的聯軍管制委員會，並封閉西占領區通往東占領區的一切陸上交通運輸，同時切斷位於東占領區的西柏林與西方的聯繫。蘇聯想把西柏林活活餓死，進一步讓盟國向蘇聯屈服。

結果蘇聯的如意算盤完全撥錯了，因為美國的強大遠遠超乎史達林想像。美國在一年時間內，靠空運維持了西柏林兩百萬市民的生活，一共二十七萬多次飛行，為柏林人提供了兩百三十多萬噸的物資，包括燃料和食物，柏林空運的成功讓之前不相信其可能有所作為的蘇聯感到恥辱。便在一九四九年五月解除對西柏林的封鎖，這下子就讓西柏林看見自己的盟友有多麼強大。同時也讓東柏林市民看到別人的盟友，怎麼如此的強大？一九四九年到一九六一年間約兩百六十萬東德人逃到了西柏林，占當時東德人口的十分之一，逃離東德的人中有很大部分是年輕人和受過良好教育的人，此現象引起了東德官員的擔心。

因此，東德當局在蘇聯授意下，建築了「柏林圍牆」，完全阻斷東西柏林的交通。柏林圍牆是由長達一百四十公里的鋼筋水泥所構成，面朝東德方向距牆一百公尺的地方平行設置了一道圍欄。圍欄和牆體之間即是著名的「死亡地帶」，這一片開闊區域沒有任何可以提供掩護的地方。

其間的房屋均被夷為平地，並鋪上細沙以便追蹤逃亡者，這道牆也硬生生地阻斷了東西柏林的聯繫。

柏林圍牆共有二十五個檢查站：十三個公路、四個鐵路、八個水道檢查站，允許西柏林人、西德人、西方遊客和盟軍人員進入東柏林，也允許持有效證明的東德居民和其他社會主義國家居民進入西柏林。

西柏林過境交通只有兩個檢查站可供通過，其中最有名的當推「查理檢查站」（或稱為C檢查哨），從這個檢查哨往北走，即進入東德的首都東柏林，反之往南則是進入西德的西柏林，現在已成為著名的觀光景點。

在柏林圍牆建起來的二十八年間，有很多人因為翻越柏林圍牆而喪命，但是也有很多人成功地翻越了柏林圍牆，順利投奔自由的案例。柏林圍牆建立後，共有五千零四十三人成功地逃入西柏林，三千兩百二十一人遭逮捕，兩百三十九人死亡，兩百六十人受傷。

一九六三年四月，十九歲的國家人民軍文職人員沃爾夫岡．恩格斯曾利用所在基地的蘇聯裝甲運兵車衝破圍牆，隨後被東德邊防軍開火並擊傷，最終被西德警察解救。

▲想挖地道逃離的東德人民

另外一個叫做湯瑪斯．庫格的東柏林居民則利用東德體育技術協會的輕型飛機，穿越柏林圍牆降落在西柏林的英國空軍基地。

還有一張獲得普立茲新聞獎的照片，在柏林圍牆即將關閉的一剎那，一位叫做康拉德．舒曼的東德邊防軍士兵，跳過了當時低矮的鐵絲網邊境，進入西柏林。西柏林民眾已經張開雙臂準備迎接他，這一瞬間被西方媒體記者捕捉到這個畫面，此事也成為冷戰期間西方用來廣為宣傳的樣本和題材。

「廚房辯論」與洲際飛彈

蘇聯的改變

美蘇爭霸進入一九五〇年代末期，這一時期，美蘇合作，結束了對奧地利的占領。

奧地利在戰爭結束後，也被美、蘇、英、法四國分區占領了。然而蘇聯主動放棄了對奧地利的占領，算是向西方國家釋出善意。但奧地利必須作為一個中立國，且不能加入北約。

一九五三年史達林過世之後，赫魯雪夫上臺，一改過去蘇聯以意識型態的統治方式，積極發展經濟。

廚房辯論

一九五五年，蘇聯承認了西德政府。蘇聯這個動作，代表了他們想跟西方建立友好關係，一九五九年七月二十三日於莫斯科舉行的美國國家博覽會開幕式上，赫魯雪夫與美國當時的副總統尼克森展開的一場關於東西方意識形態和核子戰爭的論戰。由於這場辯論是在廚房用具展臺前進行的，所以被稱為「廚房辯論」。

尼克森訪問莫斯科期間，赫魯雪夫誇大蘇聯自身的核武實力，並在電視上利用他們的轟炸機玩了一場「表面遊戲」，讓轟炸機在閱兵場上空不斷的繞著大圓圈飛，造成比實際數量多的假象，並宣稱他們擁有為數可觀的洲際飛彈數量。

尼克森一聽當場就被嚇壞了，因為蘇聯在一九五七年就成功發射世界上第一顆人造衛星史波尼克，這標誌著蘇聯的火箭可以把人造衛星射向地球軌道，也表示它的飛彈有能力，可以打到全世界任何一個角落。

結果他們現在擁有這麼多轟炸機，又有這麼多的洲際飛彈，那美國豈不是全都在蘇聯飛彈的攻擊範圍之內了嗎？這怎麼得了。

回到美國後，尼克森在國會報告此事，美國竟然當真了，他們不知道蘇聯是在誇大自己的武器力量，於是急起直追，大量研製洲際彈道飛彈。

到了一九六〇年代初，美國已經擁有兩百枚能夠打到蘇聯本土的洲際導彈，升高了雙方的緊張關係。

古巴飛彈危機與美國總統甘迺迪

冷戰時期的另一場重大危機，就是古巴飛彈危機，這是美蘇冷戰中最嚴重的對抗。一九五〇年代末期，美蘇這兩個超級大國所擁有的洲際飛彈射程，已經可以擊中一萬八千公里外的目標，因此雙方均可從自己的國土發射飛彈攻擊對方國土內的目標。同時雙方戰略轟炸機機隊也能夠攻擊對方領土內的目標。

一九五九年是多事之秋的一年，這年古巴革命軍領袖卡斯楚推翻了原本由美國扶植的古巴總統巴蒂斯塔政權，美古關係大幅惡化，雖然卡斯楚此間曾至美國進行訪問，努力維持搖搖欲墜的外交關係，但美國並不買卡斯楚的帳，仍積極支持古巴境內的反卡斯楚活動，逼得卡斯楚只好在一九五九年五月倒向蘇聯懷抱，並建立以蘇聯為後盾的共產統治政權。加上同年七月尼克森訪問莫斯科時的「廚房辯論」後，讓美國對蘇聯的核武實力更感威脅，倘若蘇聯將核子導彈布署在古巴，將有可能在美國對蘇聯發射核彈之前，本土就先遭到從古巴發射過來的蘇聯導彈。

為了縮短這個攻擊時間的差距。因此，美國率先在義大利和土耳其布署了中程彈道飛彈瞄準蘇聯。

雖然，蘇聯對古巴的援助一直僅限於經濟與石油物資的援助，但共產古巴的威脅，依然使美國猶如芒刺在背，因此一九六一年四月十七日，在美國中央情報局的主導之下，發起了一個企圖利用約一千五百名受過訓練的流亡古巴人士，在兩名中央情報局官員指揮下從古巴西南海岸的豬玀灣登陸，並準備配合美軍行動，顛覆卡斯楚政權。然而，三天後入侵軍被消滅，一千多人被俘，約九十人陣亡，稱為「豬玀灣事件」。

這個事件不僅激怒了古巴政府，同時也給了蘇聯見縫插針的機會，一九六二年五月蘇聯開始秘密在古巴布署可以裝置核子彈頭的中程彈道飛彈，由於古巴與美國相距一百四十餘公里，飛彈幾分鐘內即可飛抵美國本土，嚴重威脅美國安全，同時蘇聯還布署四萬士兵來保護古巴，抵禦美國入侵。這樣一來，蘇聯便可以平衡美國在義大利和土耳其布署中程飛彈所造成的戰略劣勢。

同年十月，軍事對峙達到最高峰，當時的美國總統是傳奇人物——甘迺迪，他也是史上最年輕的美國總統（四十一歲便當選總統，至今無法打破），甘迺迪總統要求蘇聯撤離在古巴裝置的飛彈，否則將予以炸毀。美國二十五萬名陸軍士兵，九萬名海軍陸戰隊，做好了在古巴登陸的準備，以六艘航母為核心的兩百艘軍艦組成了一個龐大的艦隊，把古巴島團團包圍。美國的轟炸機帶著氫彈，二十四小時不著陸，一旦接到命令，馬上就可以飛往蘇聯投彈。兩個小時之內，就能夠讓蘇聯從地圖上徹底消失。眼見核子戰爭一觸即發，這就是著名的「古巴危機」。

最後雙方經由外交談判，蘇聯總書記赫魯雪夫以美國不侵犯古巴為條件，答應撤除在古巴的飛彈裝置，甘迺迪總統也解除對古巴的封鎖，為期十三天的核子戰爭危機終告落幕。有鑑於古巴危機，一九六三年美蘇領袖雙方同意設立熱線直接商談，以免因衝突而引發核子戰爭。

冷戰局勢下的國際熱戰和第三世界

二戰結束後的兩次大規模熱戰分別是朝鮮戰爭、越南戰爭，全都是在亞洲。另外，世界上也出現一些立場中立，不參加美、蘇兩集團的國家，被稱為第三世界。

區域熱戰的形成

冷戰時期，爆發了由美蘇發動或背後支持的區域型「熱戰」，這種戰爭型態，往往是由美蘇集團領導之下的附庸國，所發生的局部戰爭。

無論是對蘇聯而言，還是對美國來說，歐洲都是雙方利益的核心，必須讓歐洲不陷入戰火。但亞洲與非洲是共產主義的邊緣地帶，這些地方是可以爆發熱戰的。

因此，美國在二戰結束後參與的兩次大規模熱戰全都是在亞洲，分別是朝鮮戰爭、越南戰爭。

韓戰的爆發

一九五〇年蘇聯與美國相繼撤出在朝鮮半島的駐軍後，北韓在蘇聯與中共支持下，六月越過三十八度線突襲南韓，韓戰因此爆發。

聯合國安理會決定採取軍事制裁，這是聯合國第一次成立聯軍以武力制裁侵略的行動。北韓軍隊一度抵達朝鮮半島最南端的釜山，聯合國軍隊從仁川登陸迅速反攻，攻下平壤，到達鴨綠江邊。

中共則號召數十萬志願軍「抗美援朝」參與韓戰。杜魯門總統為避免戰火擴大，引發第三次世界大戰，故主張「有限度的戰爭」，否決麥克阿瑟將軍提出越過鴨綠江攻擊中共的戰略。一九五一年美國接受蘇聯停火的建議，但雙方仍戰火不斷，互有勝負。終在一九五三年於板門店簽訂停戰協定，南、北韓仍以停戰線為界，兩韓之間設置非軍事區。

越南戰爭的爆發

越南在二次大戰前為法國殖民地，一九四〇年起被日本統治。越南共產黨人胡志明（一八九〇至一九六九年）集結其他黨派人士，組成越南獨立同盟（簡稱越盟）與日軍纏鬥。

二次大戰結束，胡志明接管北越地方政權，成立越南民主共和國。越南南部則由法國接管，雙方形成南北對峙的局面。

一九四六年法軍突然轟炸海防，第一次越戰爆發。一九四九年胡志明得到蘇聯與中共援助，聲勢大增。

▲越南共產黨的領袖胡志明

一九五四年法國與南、北越等國家達成協議，於日內瓦簽訂停戰協定，以北緯十七度為界，將越南劃為北越與南越，北越由胡志明領導，南越由親美的吳廷琰（一九五五至一九六三年在任）領導。

美國為圍堵共產勢力持續在東南亞地區擴大，一九五四年九月邀集英國、法國、澳洲、紐西蘭、菲律賓、泰國與巴基斯坦七國，簽訂東南亞防禦公約，並成立東南亞公約組織，增強東亞集體安全體系。

但此停戰協定並未停止北越對南越的攻擊。之後法軍全面退出越南，美國接續支援南越政府建軍。但北越日益壯大，美國不斷增援，駐越美軍從一九五四年的一千多人到越戰結束時已超過五十萬人，國內反戰聲浪不斷，美國陷入進退維谷的困境。

一九六九年尼克森總統上任，宣告「越戰越南化」，逐漸從越南撤軍。

韓戰與越戰

	韓戰	越戰
時間	1950 年 6 月 -1953 年	第一次越南戰爭：1946 年 -1954 年 第二次越南戰爭：1955 年 -1969 年
發生原因	北韓在蘇聯與中共的支持下，突襲南韓。	第一次越南戰爭：法國攻擊北越胡志明政權。 第二次越南戰爭：北越攻擊南越。
參戰雙方	北韓：蘇聯、中共 南韓：聯合國軍隊	北越：蘇聯、中共 南越：法國（第一次）、美國（第二次）
結果	南、北韓簽訂停戰協定，以停戰線為界。	第一次越南戰爭：簽訂停戰協定，法軍退出越南。 第二次越南戰爭：美國自越南撤軍，最終北越取得越南全境的控制權，南越滅亡，

美國在越南戰爭中打贏了每一場戰鬥，但最後美國不得不撤出越南。

一九七三年簽訂停戰協定，美國退出越南戰場，一九七五年北越統一越南，越戰終告結束。

越南在這場戰爭中付出了巨大的代價。包括法越戰爭在內，有五百萬平民死亡。到越戰結束時，戰爭給南越留下的，是一片滿目瘡痍的土地和數不清的孤兒、寡婦。

對美國來說，越戰是美國有史以來參與時間最長的戰爭。美國為此耗費了至少二千五百億美元。也大大的改變了冷戰的態勢。

美國由冷戰中的強勢一方變為弱勢，面對蘇聯咄咄逼人的進攻，美國於是轉而與中國建立關係，中美關係逐漸正常化。一九七一年美國國家安全顧問季辛吉秘密訪問了北京，一九七二年尼克森總統訪問中國，一九七九年中美建交。

第三世界的形成

二次大戰後，大致以第三世界來描述亞非和中南美洲開發中國家，與美國領導的西方集團及蘇聯共產陣營有所區別。

冷戰期間，第三世界國家大多採取中立路線，但因經濟資源分配不均，貧窮與落後的環境使其發展困難，加上美蘇兩大軍事與工業的綜合體全面影響，國家發展更是艱困多阻。

另一方面，各國致力經濟計畫與公共管理，加強注重公民教育與社會福利，這種社會與文化的轉變，使得第三世界逐漸形成一股新勢力。

一九五五年在印尼萬隆舉行的亞非會議，最初有二十九個國家參加，在國際上形成「亞非集團」。

後來中南美洲各國亦加入此一陣營，使其力量更不容忽視。其中印度、埃及和南斯拉夫的領導人都強調，在美蘇兩大集團中應採取中立態度，不與美蘇結盟，此為「不結盟運動」。不結盟國家日益增多，成為冷戰中另一股勢力。

隨著第三世界興起，許多新興獨立國家加入聯合國；一九六〇年代，聯合國接納四十三個新會員國，全是第三世界的國家。

由於第三世界國家在聯合國超過一百個席次，具有影響聯合國各種活動與議程優勢，形成不容忽視的力量。尤其這些新興國家在政治上與經濟上都極具彈性，在美蘇冷戰競賽中，其區域整合的策略，常扮演舉足輕重的角色。

冷戰結束與世界政局的變化——蘇聯的解體

蘇聯帝國解體的根本原因就是史達林模式的弊端，直接原因是戈巴契夫的改革和西方的和平演變，一個在二十世紀被美國稱之為「邪惡帝國」的共產國家，終於走入歷史的灰燼當中。

蘇聯共產主義的發展

「冷戰」時期蘇聯共產主義的發展大致可分為四個階段。

第一個階段是共產主義擴張時期（從一九四六年到一九五五年）：依據雅爾達密約的協議，蘇聯在其勢力範圍內，不斷建立起共產主義的附庸國，除了東歐地區之外，亞洲的中國、越南及北韓的共產勢力都在此時急速擴張。

第二個階段是共產主義的轉折期（從一九五六年到一九六〇年代中期）：這個階段的特點是蘇聯領導人赫魯雪夫提出「去史達林化」的領導路線，想要突破過去的意識形態，走向經濟發展的道路，並試圖緩解冷戰時期兩強對峙的局面。

第三階段是布里茲涅夫主義時期（一九六〇年代中期到一九八〇年代末期）：由於受到捷克民主化運動「布拉格之春」影響，蘇聯領導人提出《社會主義大家庭論》，也就是說社會主義國家屬於一個大家庭，不允許其他勢力將一個國家從社會主義大家庭分裂出去。

第四階段是戈巴契夫改革時期（一九八〇年代末期到一九九一年底）：由於長期的軍事對峙，蘇聯及其附庸國，民生經濟凋敝，戈巴契夫試圖走回赫魯雪夫的改革路線，全力發展經濟，放寬對東歐共產國家的控制，以凝聚旗下附庸國的向心力。

赫魯雪夫的改革

去史達林化

在史達林領導蘇聯期間，不斷利用宣傳機構，宣傳自己的神話地位，完全將自己塑造成了一個文成武德、澤被蒼生的聖君。

一九五三年，史達林死後，赫魯雪夫開始實行改革。一九五六年二月在蘇聯共產黨第二十二次代表大會上，蘇共中央第一總書記赫魯雪夫以秘密報告強烈批評史達林主義。將史達林形容成是暴君、殺人犯、劊子手、人民公敵，徹底否定史達林的歷史地位。並停止對史達林的個人崇拜。

在去史達林化的過程中，過去的史達林派人物被撤職，史達林時期的嚴密的監視和控制鬆綁，部分反對派人物獲平反，蘇聯對其衛星國的經濟要求放寬。

在政治上「去史達林化」之後，赫魯雪夫進行一系列的改革，包括開墾荒地；發展畜牧業；裁減海陸軍人數，全力發展核武導彈以及太空競賽計畫。

赫魯雪夫的下臺

問題是赫魯雪夫的新政策猛烈衝擊了「神聖不可侵犯」的史達林模式，打開蘇聯社會主義改革的閘門，雖具有探索性和開創性。但因為缺乏正確的理論指導、總體的規劃和科學的實驗，以致他未能從根本上打破史達林模式。

一九六四年十月十四日，當赫魯雪夫在黑海渡假時，布里茲涅夫與柯西金等人在莫斯科發動政變，赫魯雪夫被免除一切職務強迫「退休」，並成為「特殊養老金領取者」，自此從公眾視野中消失。但赫魯雪夫的結局算還不錯了，他是蘇聯第一個下臺後沒有被處決的領導人。

布里茲涅夫與柯西金開始發表肯定史達林歷史作用的言論，這被稱為「靜悄悄的史達林化」，並於一九六六年初做出決定終止「非史達林化」。

布里茲涅夫的改革

赫魯雪夫下臺後，繼位的是布里茲涅夫。在結束了赫魯雪夫無序而帶有自由化色彩的改革之後，布里茲涅夫的政策總體趨向於保守和僵化，其領導期間腐化和任用親朋黨羽的風氣盛行。

布里茲涅夫在任期間，蘇聯的軍事力量大大增強，核子武器的數量超過美國。統治後期，由於超高的軍費開支和失敗的計劃經濟，蘇聯經濟已經停滯。他失敗的原因是因為著重重工業，忽視民生。布里茲涅夫時期是蘇聯國力達到鼎盛的時候，但因極力發展軍事工業，忽略基礎民生建設，偌大的共產帝國也逐步走向衰亡。

戈巴契夫的改革

一九八二年，布里茲涅夫去世，享年七十五歲。他死之後，接任者是蘇聯情報局KGB領導人安德羅波夫，接任的時候六十八歲，但只當了一年多就死了。安德羅波夫生前曾表示希望戈巴契夫繼任總書記一職。然而，繼任者卻是七十二歲高齡且已重病的契爾年科。很快，這位新任的總書記在下一年又去世了。

有鑑於接班的領導人因年老而任期過短，幾乎都接班後不久就去見上帝。因此黨內已開始迫切需要一名年輕耐用的領導人。

一九八五年三月十一日，僅在契爾年科死後三個小時，戈巴契夫被選為蘇聯共產黨中央總書記。

愛好勳章的布里茲涅夫

據說布里茲涅夫嗜好勳章成癖，具有濃重的「勳章情結」，有「勳章大王」之戲稱，一生獲得至少一百一十四枚勳章。

一般勳章只能佩戴在左胸上，兩排就不得了了，他的勳章多到要左邊掛一排，右邊掛一排。

他也是蘇聯歷史上唯二拿到四次金星勳章的人，另一位是二戰中著名的蘇聯統帥朱可夫。

他六十歲時，授予了自己一枚金星勳章；七十歲生日又授予自己一枚。按照蘇聯相關法律規定，該榮譽一般只授予在軍事上為蘇聯國家和社會做出偉大貢獻的人士，每人最多只能獲得三次，朱可夫是二戰英雄獲此殊榮，無可厚非；布里茲涅夫則因自己特殊興趣，獲此殊榮，實在名實不符，啼笑皆非。

一九七八年他還獲得軍隊最高勳章「勝利勳章」，成為二戰結束後唯一獲得該勳章人士。他死後，蘇聯在一九八九年取消了他這枚勳章資格。

此時戈巴契夫僅有五十四歲，還是當時政治局裡最年輕的成員。他也是首位在前次競爭失敗後成功當選的黨內領導人。戈巴契夫上臺之後，著手進行改革（見下頁表）。

然而戈巴契夫改革時期，蘇聯的經濟狀況仍然非常慘淡，所生產的輕工業產品根本供應不了需求。

而由於自史達林以來的專制、暴政、對少數民族的迫害，以及自布里茲涅夫以來的嚴重腐敗，蘇聯國家政權早就徹底失去了民心。

許多加盟共和國的民族獨立運動愈演愈烈，一些因民主改革而失去既得利益的蘇共官僚也謀劃著發動政變。

蘇聯的瓦解

八月政變

立陶宛、拉脫維亞、愛沙尼亞

戈巴契夫的改革

方面	內容
政治	1988 年，蘇共集中討論政治體制改革的問題。1990 年，蘇聯修改憲法，實行多黨制和總統制。對軍隊的改革從削減軍費開始，進而對其使命任務和體制編制進行調整，主動放棄了軍隊的領導權。
思想	指導思想上採多元化，否定了馬克斯列寧主義的指導，為史達林時代以來的政治犯進行平反。
外交	放棄布里茲涅夫主義，減少對東歐國家內政的干涉，特別是停止武力干預，他的發言人將這個政策稱為「辛納屈主義」，這個政策也導致後來「東歐劇變」的發生。
經濟	1986 年蘇共召開第 27 屆大會，在經濟發展上確立了加速戰略，要求打破單一公有制，走發達資本主義國家「混和經濟」的路線。

辛納屈主義

辛納屈主義是戈巴契夫政府用來戲稱其允許周邊華沙公約組織成員國自己決定自己的內政的政策的名稱。

這個名稱來自於美國著名歌手法蘭克·辛納屈的歌《My Way》——蘇聯允許這些國家走他們自己的路。

這波羅的海三小國在一九九〇年、一九九一年率先獨立成功，接著蘇聯的主體三國：俄羅斯、白俄羅斯和烏克蘭也發表主權宣言，眼看蘇聯就要土崩瓦解，這時發生了「八月政變」。

一九九一年八月十九日，蘇聯成立國家緊急狀態委員會，軟禁了在黑海渡假的戈巴契夫，同時宣布戈巴契夫總理因健康原因辭職，由「國家緊急狀態委員會」來接管國家政權。

「國家緊急狀態委員會」的組成人員是蘇聯副總統、國防部長、總參謀長、內政部長、KGB 主席，這些高級官員聯合發動了政變。

當時的俄羅斯總統的葉爾辛因為支持戈巴契夫推動蘇聯改革，因此政變軍隊也包圍了俄羅斯聯邦大廈，準備捉拿俄羅斯總統葉爾辛。

葉爾辛隨即宣布接管俄羅斯境內的全部蘇軍，並要求軍民反對政變，各軍隊返回原駐地。八月十九日下午，葉爾辛走出俄羅斯聯邦大廈，拿著麥克風登上一輛坦克發表演說：「我是俄羅斯聯邦總統葉爾辛，我命令俄聯邦境內所有武裝力量聽我指揮，軍隊必須立刻退出市區。」他話一說完，坦克立刻掉頭，國家緊急狀態委員會在國內外壓力之下，政變遂告失敗。八月政變三天就被粉碎了。

戈巴契夫返回莫斯科後，於八月二十四日宣布辭去蘇聯共產黨總書記的職務，並建議蘇聯共產黨自行解散，俄羅斯總統葉爾辛首先終止了俄羅斯境內的共產黨活動，許多共和國內的共產黨陸續隨之解散，蘇聯共產黨因此瓦解。

一九九一年十二月八日，俄羅斯等國成立獨立國家國協，十二月二十五日聖誕節，是人類歷史上永遠值得紀念的日子，蘇聯帝國終於解體。晚上七點，戈巴契夫在蘇聯總統辦公室，面對著攝影機、向全國和全世界發表了辭去蘇聯總統職務的談話。他說：「鑒於獨立國家國協成立後形成的局勢，我停止自己作為蘇聯總統職務的活動。作出這一決定是出於原則性考慮。」

蘇聯帝國解體的根本原因就是史達林模式的弊端，直接原因是戈巴契夫的改革和西方的和平演變，一個在二十世紀被美國稱為「邪惡帝國」的共產國家，終於走入歷史的灰燼當中。

▼蘇聯最終裂解成一個個獨立的國家

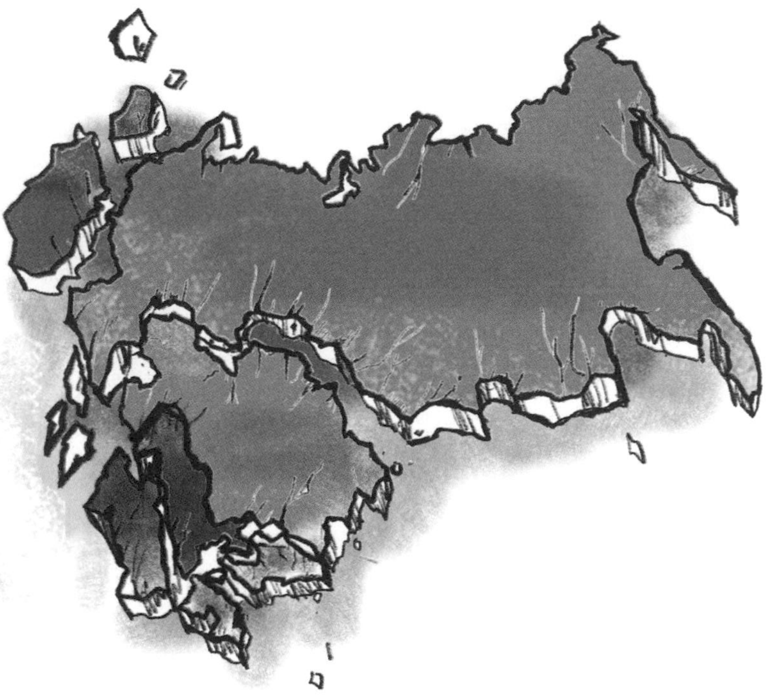

東歐的劇變及歐盟的成立

東歐的劇變如一陣民主的狂風，吹散了東歐的共產主義，為何如此龐大的體系，會在一瞬之間就被掃進歷史的灰燼呢？那是因為蘇聯在東歐扶植的領導人，在二次大戰後逐漸形成為特權階層，享有各種既得利益。

東歐劇變：波蘭、匈牙利與捷克的非共化

二次大戰後，東歐各國受共黨統治，之後陸續傳出對經濟改革與政治民主的訴求，但皆受到蘇聯的鎮壓與干涉而暫告停歇。

一九八〇年代後期，受到戈巴契夫改革影響，已放鬆了對東歐衛星國家的控制。所以在蘇聯解體之前，它的東歐衛星國，也紛紛發生了劇變。所謂劇變，就是放棄蘇式社會主義道路。

冷戰後期，東歐各國在各方面的衝突日益嚴重。

內部原因：在經濟方面，東歐襲用蘇聯高度集中的經濟體制，片面發展重工業，人民生活水準仍然很低；在政治方面，東歐各國的執政黨和政府因為缺乏監督和選舉，貪污腐敗、踐踏法律和人權的行為層出不窮。

外部原因：蘇聯在戈巴契夫上臺後推行的建設「民主社會主義」綱領推動了東歐各黨的改組，同時戈巴契夫採取「辛納屈主義」減少對東歐國家的控制。可以說，東歐民主化是東歐各國在冷戰期間長期積累各種衝突的總爆發。

波蘭的劇變

第一個發生劇變的國家是波蘭，波蘭的抗爭早在一九八〇年出現，當時格坦斯克造船廠工人華勒沙領導的團結工聯初期雖遭禁止，但深具影響力。

一九八一年，波蘭物價上漲，引發了全國的大罷工和抗議運動，國家系統全面癱瘓。波蘭人民軍總參謀長雅魯澤爾斯基大將，發動了軍事政變，出任波共中央第一書記，擔任波蘭人民共和國的總統。結果世界各國開始制裁雅魯澤爾斯基，他只能倚靠蘇聯支持。

後來以華勒沙為首的團結工會，與波蘭政府抗爭了十年，一九八九年波蘭政府進行第一次國會選舉，最後導致共產波蘭政府下臺，團結工聯獲得壓倒性勝利，成立聯合內閣政府，即波蘭第二共和國成立，華勒沙出任第

▼抗議物價上漲的波蘭婦女

二共和國的首任總統，波蘭結束了蘇聯傀儡的統治。

匈牙利與捷克

而匈牙利雖實行共黨統治，但鼓勵私有企業及西方投資。一九八九年十月，匈牙利共產黨率先解散進行改組，修改憲法，恢復自治政府與公民自由。

一九六七年捷克大學生在布拉格發動示威遊行，要求改革且放寬言論及出版自由。一九六八年改革派掌權，實施市場經濟，放寬言論、出版等限制，史稱「布拉格之春」。

捷克改革開放象徵蘇聯領導地位受到挑戰，使蘇聯大為不滿，遂出兵占領捷克，推翻改革派政權，布拉格之春於是宣告結束，但對東歐各國擺脫蘇聯高壓控制具啟發意義。

捷克遭蘇聯軍事鎮壓後，一直維持高壓統治，但要求改革的聲浪並未停止。一九八九年反抗勢力成立公民論壇，結合學生、知識分子、各行各業等五十萬人，聚集於布拉格反抗當局。共黨政府已無支持勢力，宣告下臺。著名詩人哈維爾被推選為總統，結束四十餘年共黨統治。

德國的統一

柏林圍牆倒塌

德國自一九四九年分裂為東、西德，戰後西德經濟快速復甦，與東德形成強烈對比。

一九八九年東歐各國受到蘇聯戈巴契夫推動改革影響，陸續開放邊境。許多東德人民趁機逃離，反對東德共黨政府的聲浪與日高漲。九月，東德人民走上街頭要求民主。十月，東德共黨總書記何內克被迫辭職。十一月九日柏林圍牆被推倒，大批東德人湧入西德。

東西德合併

東德共產政權搖搖欲墜，要求兩德統一的輿論逐漸高漲。一九九〇年三月西德舉行選舉，主張統一的柯爾獲勝。七月兩德使用馬克做為貨幣，政治、司法也相繼統一。一九九〇年十月三日，東、西德合併為德意志聯邦共和國。

東西德統一前，西德人口約為東德的三點五倍，西德土地約為東德的二點五倍，兩德個人平均所得差距約三倍（西德個人平均所得約三萬八千美元）；統一後，德國的經濟競爭力全球排名降至第十五（西德原排名世界第二），國民所得降至兩萬兩千美元，減少了百分之四十。德東與德西人民的生活水平相距甚大，原本政治型態的歧異，轉變為貧富差異，成為新德國首要面對的問題。

東歐的劇變如一陣民主的狂風，吹散了東歐的共產主義，為何如此龐大的體系，會在一瞬之間就被掃進歷史的灰燼呢？

那是因為蘇聯在東歐扶植的領導人，在二次大戰後逐漸形成為特權階層，享有各種既得利益。號稱代表人民利益的黨組織群體逐漸蛻變為與人民對立的特權階層。使執政黨與民眾之間隔閡越來越大，民心盡失。所以有人戲稱，搞垮蘇聯的不是反共分子，不是外國敵對勢力，就是這些官僚特權階層為維護和擴大其既得利益而造成的。當群眾日益感受到特權階層與自身利益根本背道而馳時，這種政治體制的衰敗和瓦解也就不可避免。

歐洲聯盟的成立

第二次世界大戰後，西歐國家普遍衰落。美蘇兩強爭霸的競爭下，使歐洲人明白到國家聯合的重要性。

雖然西歐各國倒向美國這一邊，但美國跟歐洲隔著三千五百公里遠的大西洋，而蘇聯跟他東歐的小跟班，就住在西歐國家隔壁，萬一真的打起仗來，美國從大西洋另一邊趕來，最快也要一個星期，但是蘇聯的裝甲部隊，一個星期之內就可以打到伊比利半島的海邊了，因此西歐國家必須團結起來對抗共產勢力。

於是西歐各國採取經濟統合工作來連結彼此，計畫將煤鋼生產納入超國家組織控制，法國、西德等六國於一九五一年成立歐洲煤鋼共同體（ECSC），煤鋼的生產及貿易額都大幅增加。

在此統合基礎上，六國於一九五八年再成立歐洲原子能共同體（EAEC）與歐洲經濟共同體（EEC）。後者再擴大會員國間的合作範圍，如逐步取消會員國之間的關稅、統一農產品的價格等，使西歐的經濟迅速恢復，人民所得也提高。

一九六七年七月一日，歐洲煤鋼共同體、歐洲原子能共同體、歐洲經濟共同體三個組織統稱為「歐洲共同體」（EC）。

經歷前述階段性區域統合過程後，一九九二年歐洲共同體的十二國簽訂《馬斯垂克條約》，籌畫建立一個政治與經濟統合的機構。

一九九三年條約生效，歐洲聯盟（EU）正式成立。歐盟朝單一市場發展，會員國間的商品、勞務、資金及人員可以平等自由地流動，並簽訂《申根公約》，取消相互之間的邊境檢查點，並協調對申根區之外的邊境控制。

一九九九年，歐盟發行共同的貨幣「歐元」，成為僅次於美元的國際貨幣。歐盟在經濟領域已經取得了突出的成就，成為當今世界經濟格局中的重要力量。

在此基礎下，歐洲逐漸成為使用同一面國旗、同一種貨幣、同一支軍隊和同一部憲法的聯盟體。慢慢的有可能走向統一，最後變成一個統一的國家。

歐洲聯盟體

歐洲使用的同一面國旗指的是歐盟會旗、同一種貨幣指的是歐元、同一支軍隊指的是歐洲快反部隊，至於同一部憲法雖然目前還未完成，但是歐洲國家仍努力制定一部《歐盟憲法》。

▼歐盟會旗旗幟，以深藍色為底色，上有十二顆金星。

●歐洲聯盟發展進程

名稱	年代	內容
歐洲煤鋼共同體	1951	經濟統合連結，將煤鋼生產納入超國家組織控制。
歐洲原子能共同體	1958	法王查理五世重整軍備，逐步收回失去的領地，英國只好與法國議和。
歐洲經濟共同體	1958	擴大合作範圍，包括：取消關稅、統一農產品價格等
歐洲共同體	1967	上面三個組織合併。
歐洲聯盟	1993	朝單一市場發展，商品、勞務、資金及人員可以自由流動，隨後並取消邊境檢查。
歐元	1999	歐盟發行共同的貨幣，成為僅次於美元的國際貨幣。

國家圖書館出版品預行編目資料

一本就懂世界史／李偉著. —— 初版. ——臺中
市：好讀, 2016.06
面： 公分，——（一本就懂；13）

ISBN 978-986-178-386-4（平裝）

1.世界史

711 105007819

好讀出版

一本就懂 13
一本就懂世界史

作　者／李偉
繪　圖／陳麥米
總 編 輯／鄧茵茵
文字編輯／莊銘桓
美術編輯／鄭年亨、陳姿秀

發 行 所／好讀出版有限公司
台中市407西屯區何厝里19鄰大有街13號
TEL:04-23157795 FAX:04-23144188
http://howdo.morningstar.com.tw
（如對本書編輯或內容有意見，請來電或上網告訴我們）
法律顧問／陳思成律師

戶名：知己圖書股份有限公司
劃撥帳號：15060393
服務專線：04-23595819轉230
傳真專線：04-23597123
E-mail：service@morningstar.com.tw
如需詳細出版書目、訂書，歡迎洽詢
晨星網路書店 http://www.morningstar.com.tw

印　刷／上好印刷股份有限公司 TEL:04-23150280
初　版／西元2016年6月15日
初版三刷／西元2017年11月20日
定價：299元
如有破損或裝訂錯誤，請寄回臺中市407工業區30路1號更換（好讀倉儲部收）

Published by How Do Publishing Co., Ltd.
2017 Printed in Taiwan
ISBN 978-986-178-386-4

讀者回函

只要寄回本回函，就能不定時收到晨星出版集團最新電子報及相關優惠活動訊息，並有機會參加抽獎，獲得贈書。因此有電子信箱的讀者，千萬別吝於寫上你的信箱地址

書名：一本就懂世界史

姓名：＿＿＿＿＿＿＿ 性別：□男 □女 生日：＿＿年＿＿月＿＿日

教育程度：＿＿＿＿＿＿＿＿＿＿＿＿

職業：□學生 □教師 □一般職員 □企業主管

□家庭主婦 □自由業 □醫護 □軍警 □其他＿＿＿＿＿＿＿＿＿＿

電子郵件信箱（e-mail）：＿＿＿＿＿＿＿＿＿＿＿ 電話：＿＿＿＿＿＿＿

聯絡地址：□□□＿＿＿＿＿＿＿＿＿＿＿＿＿＿＿＿＿＿＿＿＿＿＿

你怎麼發現這本書的？

□書店 □網路書店（哪一個？）＿＿＿＿＿＿＿＿ □朋友推薦 □學校選書

□報章雜誌報導 □其他＿＿＿＿＿＿＿＿＿＿＿＿＿＿＿＿＿＿＿＿

買這本書的原因是：＿＿＿＿＿＿＿＿＿＿＿＿＿＿＿＿＿＿＿＿＿＿

□內容題材深得我心 □價格便宜 □封面與內頁設計很優 □其他＿＿＿＿＿＿

你對這本書還有其他意見嗎？請通通告訴我們：

＿＿＿＿＿＿＿＿＿＿＿＿＿＿＿＿＿＿＿＿＿＿＿＿＿＿＿＿＿＿＿＿

你買過幾本好讀的書？（不包括現在這一本）

□沒買過 □1～5本 □6～10本 □11～20本 □太多了

你希望能如何得到更多好讀的出版訊息？

□常寄電子報 □網站常常更新 □常在報章雜誌上看到好讀新書消息

□我有更棒的想法＿＿＿＿＿＿＿＿＿＿＿＿＿＿＿＿＿＿＿＿＿＿＿＿

最後請推薦五個閱讀同好的姓名與E-mail，讓他們也能收到好讀的近期書訊：

1.＿＿＿＿＿＿＿＿＿＿＿＿＿＿＿＿＿＿＿＿＿＿＿＿＿＿＿＿＿＿＿

2.＿＿＿＿＿＿＿＿＿＿＿＿＿＿＿＿＿＿＿＿＿＿＿＿＿＿＿＿＿＿＿

3.＿＿＿＿＿＿＿＿＿＿＿＿＿＿＿＿＿＿＿＿＿＿＿＿＿＿＿＿＿＿＿

4.＿＿＿＿＿＿＿＿＿＿＿＿＿＿＿＿＿＿＿＿＿＿＿＿＿＿＿＿＿＿＿

5.＿＿＿＿＿＿＿＿＿＿＿＿＿＿＿＿＿＿＿＿＿＿＿＿＿＿＿＿＿＿＿

我們確實接收到你對好讀的心意了，再次感謝你抽空填寫這份回函

請有空時上網或來信與我們交換意見，好讀出版有限公司編輯部同仁感謝你！

好讀的部落格：http://howdo.morningstar.com.tw/

好讀的臉書粉絲團：http://www.facebook.com/howdobooks

請填妥後對折黏貼，直接投郵即可，無須貼郵票。

廣告回函
臺灣中區郵政管理局
登記證第3877號
免貼郵票

好讀出版有限公司　編輯部收

407 台中市西屯區何厝里大有街**13**號
電話：**04-23157795-6**　傳真：**04-23144188**

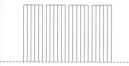

沿虛線對折

購買好讀出版書籍的方法：

一、先請你上晨星網路書店http://www.morningstar.com.tw
檢索書目或直接在網上購買

二、以郵政劃撥購書，帳號：15060393 戶名：知己圖書股份有限公司
並在通信欄中註明你想買的書名與數量

三、大量訂購者可直接以客服專線洽詢，有專人為您服務：
客服專線：04-23595819轉230 傳真：04-23597123

四、客服信箱：service@morningstar.com.tw